いま、目覚めゆくあなたへ

本当の自分、
本当の幸せに
出会うとき

the untethered soul
—*the journey beyond yourself*

マイケル・A・シンガー
菅 靖彦［訳］

風雲舎

《はじめに》

自分とはいったい何者だろう？

「それゆえに、まず自分自身に対して誠実でありなさい。
そうすれば、夜が昼に続くように
他の誰に対しても不誠実ではいられないだろう」

――ウィリアム・シェークスピア

『ハムレット』の第一幕で、ポロニウスが息子のレアティーズに語る有名なセリフである。何を言わんとしているかは明白だ。他人と誠実な関係を保つには、まず何よりも自分自身に誠実でなければならないとそれは教えている。だが、もしレアティーズが本気で自分自身に誠実であろうとしたら、風をつかむよう父に命じられたほうがましだったと気づくだろう。

そもそも、わたしたちはどんな「自分」に誠実であるべきなのだろう？　機嫌が悪いときに現われる「自分」だろうか？　それとも過ちを犯してみすぼらしい気分に浸っているときの「自分」だろうか？　落ち込んだときや、動揺したときに、心の奥のほうから語りかけてくる「自分」だろうか？　それとも、人生が非常に気まぐれで翻弄されているように思える瞬間に現われる「自分」だろうか？

一口に「自分」といっても、さまざまな側面があるので、これが「自分」だと決めつけるのは簡単なことではない。

心理学の父、フロイトは精神を三つの部分——イド、超自我、自我——に分けた。そして、イドをわたしたちの原初的な動物的本能、超自我を社会によってわたしたちに植え込まれた判断システム、自我を上の二つの力のバランスをとり、社会に適応しようとする心の働きとみなした。しかし、このような分析は、結局、若いレアティーズの助けにはならなかっただろう。これらせめぎ合う力のいずれに正直であるべきなのか、依然としてわからないからだ。

「自分」とはいったい何者なのだろう？　矛盾しあう多くの側面から成ってい

るのだろうか？　それとも、これが本当の「自分」だといえる一つの側面があるのだろうか？　そうした疑問を胸に、これから「自己」探究の旅に出ようと思う。

だが、従来の方法でそうした旅をしようとは思わない。わたしたちは心理学の専門家にも、偉大な哲学者にも意見を求めない。伝統的な宗教観を比較し、いずれが優れているかを論じることもしない。代わりに、この件に関し驚異的な知識をもっているたった一つの源泉に目を向ける。最終的にこの偉大な疑問を解決するのに必要なデータを、日々、あらゆる瞬間、集めてきた一人のエキスパートに目を向けようと思う。そのエキスパートとは、ほかでもない「あなた」である。

どうか、びっくりしてそんな問題を解く力は自分にはないと決めつけないでもらいたい。わたしたちは、この問題に対するあなたの見解や意見を求めているわけではない。あなたがどんな本を読んでいるか、どんな習い事をしているか、どんなセミナーに出席しているかにも興味がない。

興味があるのは、あなたが自分自身を直感的にどう感じて生きているかということだけである。わたしたちはあなたの知識を、あなたの直接体験を求めているのだ。体験自体に失敗ということはない。なぜなら、あなたの「自己」はいつどんな場所にいても、あなたなのだから。わたしたちにできるのは、それを選り分けることだけである。その結果は、かなり複雑なものになるだろう。

　これからつづく各章は、あなたの「自己」をさまざまな角度から見る鏡にほかならない。わたしたちが出発しようとしている旅は内的なものであるが、あなたの人生のあらゆる側面に出会うことになる。唯一あなたに求められるのは、ごく自然な直観的方法で、自分自身を正直に見つめる積極性である。わたしたちが探すのは、あなたの「自己」のルーツだということを忘れずにいてもらいたい。

　本書を読み進めるうちに、あなたは自分で思っていた以上に多くのことを知っていることに気づくだろう。実際のところ、あなたはすでに自分自身を見出す方法を知っているのだ。単に注意を逸《そ》らされ、方向性を見失っているだけなのだ。ふたたび集中力を取り戻せば、自分自身を見出す能力だけではなく、自分自身を解放する能力ももっていることに気づくだろう。

その成否はすべてあなたにかかっている。しかし、この旅をやり終えれば、苦しみが去って自信が湧き、もはや他人を責めることもなくなるだろう。何をしなければならないか、あなたは正確に知るだろう。

そのときはじめてあなたは、

「それゆえに、まず自分自身に対して誠実でありなさい」

というアドバイスの深い意味を知るだろう。

いま、目覚めゆくあなたへ

――目次

パート3　自分を解放する

5章◉ハートに刺さった棘を抜く

パート4　人生を楽しむ

8章◉無条件の幸せの道

12章◉神の愛する目

装幀——山口真理子

パート1

目覚める

1章◉わたしは誰か?

偉大なヨガの教師ラマナ・マハルシ（一八七九～一九五〇）は、内的な自由を獲得したければ、絶えず真剣に「わたしは誰か？」と自問しなければならないとよく言った。それは本を読んだり、マントラを唱えたり、聖地を訪れたりするよりも大切だと彼は教えた。ただひたすら、

「わたしは誰か？　わたしが見るとき、誰が見ているのか？　わたしが聞くとき、誰が聞いているのか？　わたしが気づいているとき、誰が気づいているのか？　わたしは誰か？」

と自問しろと言うのだ。

名前はレッテルにすぎない

具体的な例をあげて話を進めよう。

初対面のわたしがあなたのところに歩み寄って、

「すみませんが、あなたは誰ですか？」

と尋ねたとしよう。普通であれば、あなたは戸惑うことなく、「サリー・スミスです」というように自分の名前を名乗るだろう。それに対して、わたしが一枚の紙を取り出して、S-a-l-l-y S-m-i-t-h という文字を書き、それをあなたに示しながら、

「これがあなたなのですか、この文字の寄せ集めが？」と聞いたとしよう。

不意をつかれたあなたはこう答えるかもしれない。

「そうね。あなたの言うとおりだわ。ごめんなさい。わたしはサリー・スミスではありません。それは人々がわたしのことを呼ぶ名前にすぎません。それはレッテルです。実際には、わたしはフランク・スミスの妻です」

これも正しい答えとはいえない。あなたは結婚してフランク・スミスの妻になった。では、フランクに会うまで自分は存在しなかったというのだろうか？彼が死んで、あなたが再婚したら、あなたは存在しなくなるとでもいうのだろうか？　フランク・スミスの妻はあなたの正体ではありえない。それも別のレッテルであり、別の状況の結果やあなたが参加している出来事を表している

にすぎない。

では、あなたはいったい誰なのだろう？

今度はよく考えてあなたは答える。

「わかったわ。わたしのレッテルはサリー・スミス。一九六五年にニューヨークで生まれました。五歳になるまで、両親のハリーとメアリー・ジョーンズといっしょにクイーンズで暮らしていました。その後、わたしたちはニュージャージーに移り、わたしはニューアーク小学校に通いました。学校ではオールAを取り、五年生のとき、『オズの魔法使い』でドロシー役を演じました。九年生で男の子とデートをはじめました。最初のボーイフレンドはジョーだった。わたしはラトガース大学に行き、そこでフランク・スミスと出会い、結婚しました。それがわたしの正体です」

ちょっと待ってほしい。それは興味深いストーリーだが、わたしは誕生以来、あなたに何が起こったかを聞いたのではなかった。「あなたは誰か？」と聞いたのだ。あなたはさまざまな経験について述べたが、それらの経験をしたのは誰だったのだろう？　たとえあなたが別の大学に行っていたとしても、あなたは存在し、自分の経験を振り返ることができたのではないだろうか？

あなたは身体ではない

そのように指摘されると、ほとんどの人はそうした質問を自分自身にしたことがなかったと気づくだろう。

わたしは誰なのか？

それがラマナ・マハルシが尋ねたことだった。あなたはさらに真剣に熟考した末、こう述べるかもしれない。

「わかったわ。わたしはこの空間を占有している身体です。背が一七八センチ、体重が六一・三キロあります。そしてわたしはここにいます」

小学校五年生のときドロシーを演じたあなたは一七八センチではなく、一四五センチだった。だとすれば、どちらが本当のあなたなのだろう？　あなたは一四五センチの人間なのだろうか、それとも、一七八センチの人間なのだろうか？『オズの魔法使い』のドロシーの役になり切っていたときのあなたがあなたなのだろうか？　そうだとあなたは言った。五年生の劇でドロシーの役を演じたあなたがあなたで、わたしの質問に答えようとしている人間ではないとでもいうのだろうか？　それは同じあなたではないだろうか？

少し質問の角度を変えてみよう。

あなたは一〇歳だったとき、鏡を見て、一〇歳の身体のあなたを見なかっただろうか？　それは現在の大人の身体を見ているあなたとは違うあなたなのだろうか？　あなたが見た姿は変わった。だが、見ている当人であるあなたはどうだろう？　つながっていないのだろうか？　一〇歳のときに鏡を見た人物も、今、鏡を見ている人物も同じ人物ではないだろうか？　そのことを厳密に考えなければならない。

もう一つ質問しよう。

あなたが眠っている最中に見る夢は、いったい誰が見ているのだろう？

「まあ、それは心の中の映画のようなものです。見ているのはわたしです」とあなたは答えるかもしれない。それは鏡を見るあなたと同じあなただろうか？　今この文章を読んでいるあなたと、鏡を見るあなたと同じあなたが、夢を見るのだろうか？　目覚めたとき、あなたは夢を見たことを知っている。意識的な自覚はつながっているのだ。

マハルシの問いに答える

ラマナ・マハルシの問いかけはごく単純である。

あなたが見ているとき、見ているのは誰か？　あなたが聞いているとき、聞いているのは誰か？　夢を見るのは誰か？　誰が鏡の中の姿を見るのか？　こうした経験をしているのは誰か？

と問いかけているのだ。

以上の質問に対して、

「それはわたしです。わたしがここにいて、すべてを経験しているのです」

と直観的に答えるのが最高の答え方だろう。あなたが何かを見ているとすればば、あなたは主体であり、見ている対象が客体である。主体と客体とは同じではないのだから、いうまでもなくあなたと見ている対象とは同じではない。そうして、自分が見ている外の世界は自分ではないことを認識するのである。あなたは内部にいて、外の世界を覗き見ている本体なのだ。

だが、こうして自分が外界にある物体とは違うことが認識できたとしても、「あなたは誰か?」という疑問がすべて解決されたわけではない。

もしあなたが外界に存在しないとしたら、どこにいるのだろう? たとえば、外界の物体がすべて消え失せたとしよう。自分がどれだけの恐怖を覚えるか想像してもらいたい。恐怖とともにとてつもない孤独感に襲われるかもしれない。だが、いったい誰がそうしたことを感じるのだろう?

「わたしです!」とあなたは即答するだろう。そのとおりである。

同じ「わたし」が、外の世界も、内側の感情も、経験しているのだ。

具体的な例をあげよう。一匹の犬が外で遊んでいるところを見ている自分を想像してもらいたい。突然、背後から雑音が聞こえてくる。ガラガラ蛇が立てるようなシューという音だ！　それでもあなたは平然と犬を見ていられるだろうか？　もちろん、見てはいられまい。きっと恐怖に凍りつき、注意のすべてを恐怖の感情に奪われるだろう。その恐怖を感じるのは誰だろう？　犬を見ているあなたと同じあなたではないだろうか？　あなたは恐怖のあまり犬を注視しつづけることができないかもしれないが、基本的に、内的な感情と外界の物体は競い合って、あなたの注意を引きつけようとする。そしてあなたは、その両方を経験する。

このことをもっと深く掘り下げるために、別の質問をしよう。あるときあなたは、内側にとくべつな感情もなく、ただ静けさを感じているという瞬間はないだろうか？　あなたはじっと内部にいて、平安な静けさを自覚している。だが、そのうちに、外の世界のイメージや内的な感情がつぎつぎにやって来ては去っていくことに気づくだろう。それらの経験は、あなたが自分の前を通り過ぎるもののすべてを、絶えず自覚している、ということにほかならない。

「われ思う、ゆえにわれあり」は間違いである

このとき、あなたはどこにいるのだろう？

ひょっとしたら、思考の中に見出せるかもしれない。偉大な哲学者ルネ・デカルトはかつて「われ思う、ゆえにわれあり」と言った。しかし、本当にそうだろうか？

辞書は「思う」という動詞を、「思考を形づくること、アイディアを練ったり、判断を下したりするために心を用いること」と定義する（マイクロソフト・エンカルタ総合大百科二〇〇七年版）。問題は、誰が心を用いて思考を形成し、アイディアに仕立てあげたり、判断を下したりするのかということである。

この思考の経験者は、思考がないときでも、存在するのだろうか？

幸いなことに、あなたはそれについて考える必要はない。あなたは思考の助けがなくても、自分が存在していることをはっきり自覚している。

たとえば、深い瞑想状態に入ると、思考がやむ。その状態では、あなたは思

考がやんだとわかるということについても「考える」必要はない。ただ単に「思考がない」状態になるのだ。瞑想状態から戻ったあなたは言う。「わたしは深い瞑想状態に入り、思考が完璧にやむのをはじめて経験した。完全な平安と調和と静けさの場所にいた」と。

そのように思考がやむときに生じる心の平安を経験したことがあるとすれば、明らかにあなたは、思考活動に依存しているのではない存在といえる。

思考はやむこともあるが、極端に騒々しくなることもある。たとえば、「頭にくるよ。彼にあんなことを言われて以来、眠れないんだ。心が全然静まらないんだ」とあなたが友だちに不平をこぼしたとしよう。

静まらないのは誰の心だろう？　やむことのない思考に気づいているのは誰なのだろう？　あなたではないのだろうか？　あなたが内部の思考を聞いているのではないのだろうか？　そうだとすれば、あなたはそれらの思考を取り除くことはできないのだろうか？　気に食わない思考が内部ではじまったら、それをやり過ごすことはできないのだろうか？　人々は四六時中、思考と戦っている。思考に気づき、それと戦うのは誰なのだろう？

ここでもあなたは自分の思考と〈主体―客体〉の関係をもつ。あなたが主体で、思考が客体である。あなたは思考ではない。ただ思考に気づいているにすぎない。そのことを踏まえてあなたは言う。

「そうか、わたしは外の世界にある何ものでもないし、感情でもない。そうした外部や内部の対象は来ては去っていき、わたしはそれらを経験する。わたしは思考でもない。思考は静かなときもあれば騒々しいときもある。幸せなときもあれば、悲しいときもある。思考はわたしが自覚しているもう一つの対象にすぎない。では、わたしは誰なのだろう?」

すべてを経験しているもの

ますます疑問は深まる。

「わたしは誰なのか?　これらの身体的、感情的、精神的経験をしているのは誰なのだろう？」

一つ一つ自分ではないものを手放していくと、最終的にあなたはすべてに対して経験しているものに行き着く。その中核にあるのは自覚であり、意識であり、直観的な存在感覚である。あなたは自分が内部にいるのを知っている。それについて考える必要はない。ただ知っているのだ。あなたは思考するとしないとにかかわらず存在する。

このことを体験的に理解するために、意識の実験をやってみよう。

室内や窓の外を一瞥《いちべつ》してもらいたい。瞬時に、目の前にあるものを見て取るのだ。あなたは視界内にあるすべての物体を努力することなく認識する。頭や目を動かすことなく、自分が見ているものの複雑な詳細を知覚する。さまざまな色、光のバリエーション、家具の木目、建物の構造、樹皮や葉っぱのバリエーションを見てもらいたい。そうしたものを、考えることなく同時に知覚することに注意してもらいたい。いかなる思考も必要ない。ただ見るだけだ。思考せずに見ているとき、あなたの意識は見えるものすべてを努力せずに自覚し、十分に理解している。

では、思考を用いて、あなたが見ているものの複雑な細部を言葉にする努力をしてみよう。見るだけなら、意識の一瞬のスナップショットですむが、あなたがすべての細部を語り終わるまでどのくらいかかるだろう？

あなたは「意識の中心」に住んでいる霊的な存在である

「意識」はあなたが口にするもっとも高度な言葉である。「意識」より高度なものや深いものは存在しない。意識は純粋な自覚である。では、自覚とはなんだろう？

もう一つ実験をしてみよう。あなたは室内にいて何人かの人たちと一台のピアノを見ているとしよう。今、ピアノがあなたの世界に存在しなくなると想像してみよう。そのことで大きな問題があるだろうか？

「いや、問題があるとは思わない。わたしはピアノに執着していないから」とあなたは言う。

では次に、部屋の中の人たちが存在するのをやめると想像してみよう。あなたはそれでも大丈夫だろうか？　その事態に対処できるだろうか？「できるさ。わたしは一人でいるのが好きだから」とあなたは言うかもしれない。

では、あなたの自覚が存在しないと想像してみよう。単純に自覚のスイッチを切るのだ。さて、あなたはどうするだろう？

自覚が存在しなかったら、どんな感じだろう？　すごく単純なことだ。あなたは存在しなくなる。「わたし」の感覚がなくなるからだ。「わたし」の感覚がなくなれば、もはや物体の存在を認識できない。物体の存在を認識できなければ、それらの物体は存在しないも同然である。物体が存在するかどうか誰が知ろう？　存在してもしなくても同じなのである。あなたの前にどんなに多くの物があったとしても問題ではない。意識を失えば、すべての存在は消える。けれども、意識があれば、あなたの前に何もなくても、何もないことをあなたは認識する。これは決して複雑なことではない。自明の理なのだ。

だから、「あなたは誰か？」と問われたら、こう答えればよい。

「わたしは見ている者です。後方のここから、わたしの前を通り過ぎる出来事、思考、感情を見ている者です」

あなたは「意識の中心」に住んでいる霊的な存在である。あなたが努力せずに外を眺め、見えるものを見ているとき、結局、あなたは内部の奥に座って、自分の思考や感情だけではなく、外にある形象も見ているのだ。こうした対象のすべてがあなたの前にある。思考は身近にあり、感情は少し離れたところに、形象は外側にある。そうしたもののすべての背後にあなたはいる。あなたは人生のそれぞれのステージで、さまざまな思考、感情、物体が前を通り過ぎていくのを見てきた。だが、あなたはそうしたもののすべての意識的な受信者だった。

今、あなたは自分の「意識の中心」にいる。あなたは万物の背後からただひたすら眺めている。それがあなたの真の故郷なのだ。他のものをすべて取り去っても、あなたは依然としてそこにいて、すべてが通り過ぎるのを自覚している。

しかし、「意識の中心」を取り払えば、何も存在しなくなる。その「意識の中心」が「あなた」なのだ。その中心から、あなたは思考や感情があることや、世界が五感を通して入ってくるのを自覚している。そして今、あなたは自覚していることを自覚している。それが仏教の自己の座[1]、ヒンドゥー教のアートマン（真我）[2]、ユダヤ・キリスト教の魂である。

あなたが内奥にあるその座につくと、偉大な神秘がはじまる。

①『涅槃経』の中で仏陀が説明している。
②アートマン：ヒンドゥー教。個人の内奥の精髄（メリアム・ウェブスター二〇〇三年版）

2章◉目覚める

「明晰夢」と呼ばれる夢がある。自分が夢を見ていることを知っている夢である。もし夢の中で飛べば、あなたは自分が飛んでいることを知っている。「おい、見ろ！　自分が飛んでいるのを夢で見ているぞ。向こうに飛んでいこうとしている」とあなたは考える。実際にあなたは、自分が夢の中で飛んでいることや、飛ぶ夢を見ていることを意識しており、意識的に夢に介入することもできる。

それが普通の夢と違うところだ。普通の夢の場合、あなたは夢の中の一部になり、夢の中のさまざまな出来事に否応《いやおう》なく巻きこまれる。

自覚をもって生きる

明晰夢と普通の夢との違いは、日々の生活の中で自覚的に生きることと、自覚をもたずに生きることとの違いと同じである。

あなたが自覚をもって生きていれば、周囲の出来事に完全に埋没することはない。自分が、出来事とそれによって引き起こされる思考や感情の両方を経験している者であることを内的に自覚しつづける。つまり、あなたは「明晰」なのだ。

興味深いのはさまざまな自覚のレベルが存在することである。自己の座に座って自覚しているとき、あなたは明晰である。では、自己の座についていないとき、あなたはどこにいるのだろう?

意識はどんな対象にも「焦点を当てる」能力をもっている。それは意識の性質の一つである。意識の真髄が自覚なのだ。

たとえば、「わたしが言っていることに集中しなさい」と教師は言う。それは意識の焦点を一箇所に定めることを意味する。習わなくても、誰でもそのやり方を知っている。意識さえあれば、直観的にわかるのだ。意識の性質は、学校では取り上げられることはないが、幸いなことに、ヨガのような深い教えの中で、綿密に研究されてきた。事実、古代のヨガの教えはすべて意識に関するものだといっていい。

意識について学ぶ最高の方法は、あなた自身の直接体験を通して学ぶことだ。

意識が広範囲の対象を自覚できることや、他のすべてを無視して一つの対象に焦点を当てることをあなたはよく知っている。

たとえば、本を夢中になって読んでいるとき、あなたの意識の焦点は紙面に印刷された文字にもっぱら当てられている。だが、文字を目で追いながら、妻との口論のことを考えているときにはそうではない。意識の焦点が思考のほうに引っ張られている。このように、外側で起こっている出来事だけではなく、思考や感情も絶えずあなたの意識を引きつけようとする。

映画の比喩

ではここで、映画の例を用いて意識を詳しく調べてみよう。

映画に行ったら、あなたは大画面に没頭する。それは映画鑑賞という体験の一部である。映画を観る際、あなたは視覚と聴覚、二つの感覚を用いる。二つの感覚がシンクロ（同調）することがきわめて重要だ。シンクロしないと、映画に没頭できない。

ジェームズ・ボンドの映画を観ていて、サウンドトラックが場面とシンクロしなかったら、どうなるか想像してもらいたい。あなたは映画の魔術的な世界に引き込まれる代わりに、劇場内に座って、何かがおかしいと思うだろう。だが、サウンドトラックと場面は普通、完璧にシンクロするので、映画はあなたの注意を奪い、あなたは劇場内に座っていることを忘れる。あなたは自分の個人的な思考や感情を忘れ、映画に引き込まれる。寒々とした暗がりの劇場内に座っているにもかかわらず、周囲に気を取られずに映画に見入っているのだから、驚きである。実際、映画に熱中すれば、自分自身のことを自覚することなく丸々二時間がたってしまいもする。

では、あなたの映画体験が場面（視覚）と音（聴覚）だけではなく、匂い（嗅覚）や味（味覚）を含んだらどうなるだろう？　映画の中で誰かが何かを食べ、あなたがその味を味わい、匂いを嗅いでいるところを想像してもらいたい。きっとあなたはそれらの感覚に魅せられるだろう。

感覚入力が倍増するので、あなたの意識を引きつける対象の数も倍増する。音、場面、味、匂いのほかに、もう一つ大きな感覚がある。触覚である。五感の感覚がすべて一緒に働くと、その体験から距離を置く余裕はなくなる。五感がシンクロすると、あなたは完全にその体験に没頭する。

ところが、こうした圧倒的な感覚的体験の最中でも、あなたは映画に飽きることがある。熱中できないのだ。そのため、あなたの思考が彷徨《さまよ》いはじめる。あなたは家に帰ったら何をしようかと考えはじめる。あるいは、過去に起こったことについて考えはじめる。しばらくすると、思考に没入するあまり、自分が映画を観ていることを忘れてしまう。映画があなたの五感にメッセージを送りつづけていても、そのようなことが起こる。思考が映画とは無関係に生じる可能性があるからそうしたことが起こるのだ。その場合、思考は意識が焦点を当てる別の対象となる。

では映画が、五感を捕らえるだけではなく、今述べたようなあなたの思考や感情をも、銀幕上で起こっていることにシンクロさせるために作られていると想像してみよう。映画を通して、場面を見、音を聞き、味を味わっているあなたは、突然、登場人物の感情を感じ、登場人物の考えていることを思考しはじめる。

「実は迷っているんだ。結婚してくれと彼女に申し込むべきだろうか?」と登場人物が言うと、突然、あなたの中に不安がこみあげてくる。今や、わたしたちは五感プラス思考と感情すべての次元をそなえた経験をしている。

そのような映画に夢中になっていると想像してもらいたい。すると、あなたという存在はそこで消滅する。なぜなら、意識の対象となる五感と思考と感情のすべてが映画の中に取り込まれ、コントロールされているからだ。そのため、内部にいて、「わたしはこの映画が嫌いだ。帰りたい」と思う「あなた」がいなくなる。「帰りたい」と思うためにはその状態から距離を置く別の思考が必要だが、あなたが映画に没頭してしまっていることで内部が埋めつくされ、その思考が入り込む余地がなくなっているのである。今や、あなたは完全に我を失う。

怖いように聞こえるかもしれないが、その状態はあなたの陥っている人生の苦境と同じ状態なのである。

あなたが自覚している対象のすべてがシンクロしているため、あなたは引き込まれてしまい、もはやそれらの対象から自分が分離していることを自覚していない。思考と感情が場面と音にシンクロして動くのだ。すべてのものが入り込んできて、あなたの意識は完全にそれらに没頭する。没頭するのをやめて目撃者の意識をもたないかぎり、自分がそれらを見ている当人であることに気づけない。それが、我を失うことの意味である。

我を失うことの意味

迷った魂とは、思考や感情、情景、音、味、触覚、嗅覚がすべてシンクロする場所にはまり込んだ意識の状態である。さまざまなメッセージがシンクロして一つの世界を作り上げると、意識はどうしてもその世界に引き込まれてしまうのだ。すると、もはや自分を自分として認識できなくなり、自らを、自分が経験したことの対象物として認識する。言い換えれば、あなたは自分という存在を、それまで積んできた経験の集合体として受け止めてしまう。だが、どんなに経験を寄せ集めても「あなた」にはなりえない。「あなた」はそれらを経験している者だからだ。

映画の話に戻ろう。映画の中で、あなたが自分のなりたい登場人物を選ぶとしよう。たとえば、「わたしはジェームズ・ボンドになりたい」と決める。そのとたん、あなたが知っているようなあなたはもはや存在しない。あなたの思考のすべては今や、ジェームズ・ボンドの思考となり、あなたの既存の自己認識は消えてなくなってしまうのである。

さて、では誰かが映画の上映をやめさせたとしよう。即座にボンドの思考や感情が、あなたの古い思考と感情の組み合わせに取って代わる。あなたは、自分が四〇歳の女性であるという考えに連れ戻される。すべてが以前と同じようにに見え、同じように匂い、同じ味がし、同じように感じる。とはいえ、それらはすべて、意識が今、経験していることにすぎないという事実は変わらない。

すべては意識の対象物にすぎないのだ。そして、それを意識している中心こそがあなたなのだ。

真の瞑想

意識的な人物を、それほど意識的ではない人物と分け隔てるのは、焦点の当て方だけである。

太陽からの光が万物をあまねく照らすように、すべての意識は同じである。意識は純粋でも、不純でもない。意識はいかなる性質ももたないのだ。意識はただそこにあって、気づいていることを自覚する。違いは、あなたがあなたの「意識の中心」にいなければ、対象に漠然と焦点を当てるようになるということだ。けれども、「意識の中心」にいれば、あなたの意識は意識的であることをつねに自覚する。もしこの違いを本当に理解したければ、意識が何にでも焦点を当てられることを自覚することからはじめるとよい。

では、意識が自らに焦点を当てたとしたらどうだろう？

その場合、あなたは自分の思考に気づく代わりに、自分の思考に気づいている自分を自覚する。あなたの意識が自らを照らすのだ。あなたはいつも何かを見つめているが、今回は、「意識の中心」を見つめている。「意識の中心」が「意識の中心」を見つめているのだ。それが本物の瞑想である。真の瞑想は、ただ一点に集中する行為を超えている。深い瞑想を実践するには、一つの対象に完璧に意識の焦点を当てる能力だけではなく、自覚そのものを対象にする能力ももたなければならない。そうした高次の状態では、意識の焦点が自己へと振り向けられる。

自己の本性を見つめているとき、あなたは瞑想している。瞑想がもっとも高度な状態なのはそのためだ。それはあなたという存在のルーツへの回帰であり、気づいていることのシンプルな自覚なのだ。一旦、意識自体を意識するようになると、あなたはまったく異なる状態を獲得する。今や、あなたは自分が何者かを自覚している。あなたは目覚めた存在になったのだ。それがスピリチュアリティ、自己の本性であり、あなたの正体なのだ。

あなたが意識の中へと引き返すと、この世界は問題であることをやめる。世界はあなたが見つめているものにすぎない。変化はしつづけているが、それが問題であるという感覚はない。

偉大な聖者の一人、ラマナ・マハルシはかつてこう尋ねた。

「わたしは誰か？」

これがきわめて深い疑問であることを今、わたしたちは知っている。休みなく、絶えずその質問を繰り返してもらいたい。そうすれば、答えは「わたし」自身であることに気づくだろう。いかなる知的な答えも存在しない――「わたし」自身、それが答えなのだ。そう答えられれば、すべてが変わっていくだろう。

パート2

エネルギーを感じる

3章◉あなたの中には無限のエネルギーが眠っている

思考も感情もエネルギーを必要とする

意識は人間の存在にとって神秘の一つである。内的なエネルギーもそうだ。西洋社会が内的エネルギーの法則にほとんど注意を払っていないのは恥ずかしいことである。わたしたちは外部のエネルギーを研究し、エネルギー資源に多大な価値を置くが、内部のエネルギーを無視している。

人々は何も理解せずに考えたり、感じたり、行動したりしているが、実は身体のあらゆる動き、あなたが抱くすべての感情、あなたの頭をよぎるすべての思考がエネルギーを消費するのだ。つまり、物質世界で起こるすべてのことと同様、内部で起こるすべてのこともエネルギーを必要とする。

では、そのエネルギーはどこからくるのだろう？　たまにエネルギーが枯渇したと感じることがあるのはなぜだろう？　精神的、感情的に疲れきったとき、食べ物はそれほど助けにならないと気づいたことはないだろうか？　逆に、恋をしているときや、何かに鼓舞され興奮しているときには、エネルギーに満たされるので、食べたいとさえ思わない。こうしたエネルギーは、食べ物を燃やして得られるカロリーから来るのではない。あなたが内的に近づくことができるエネルギー源があるのだ。それは外部のエネルギー源とは異なる。

エネルギーの源

わかりやすい例を一つあげてみよう。あなたは二〇代で、ガールフレンド（ないしボーイフレンド）との関係が破綻したとしよう。あなたは完全に落ち込み、引きこもるようになる。掃除するエネルギーもないので、すぐに床中に物が散乱する。ほとんどベッドから出ることができないため、眠ってばかりいる。食べなければならないと思って買ったピザの入った箱がそこら中に散らばっている。しかし、何をしても無意味なように思える。あなたにはまったくエネルギーがない。友達が一緒に外出しようと誘ってくれるが、断ってしまう。あまりに疲れすぎていて、何もする気になれないのだ。

ほとんどの人は人生のある時期にそうした状態に陥ったことがある。あなたは出口がないように感じ、永遠にそうした状態がつづくように思える。ところが突然、ある日、電話のベルが鳴る。ガールフレンド（ボーイフレンド）からだ。まさに、三カ月前、あなたを捨てた人物である。彼女は泣きながら言う。

「あら、わたしを覚えているの？　どうか電話を切らないでちょうだい。わたし、ひどい気持ちなの。あなたのもとを去ったのは、最悪の過《あやま》ちだったわ。あなたがわたしにとってどれほど大切か今はわかっている。あなたなしでは生きられないわ。これまでの人生で、唯一、本物の愛を感じたのは、あなたと一緒にいたときだった。どうかわたしを許してちょうだい。お願い。あなたに会いに行っていいかしら？」

さて、あなたはどうするだろう？　まじめな話、あなたがベッドから飛び起きて、室内を清掃し、シャワーを浴びて身支度を整えるまでどのくらいの時間がかかるだろう？　あっという間にやり終えることだろう。受話器を置いたとたん、あなたはエネルギーに満たされるからだ。

どうしてそのようなことが起こるのだろう？　あなたは完全にエネルギーを涸らしていたはずだ。三カ月間、あなたはまったくエネルギーをもっていなかった。それなのに、一瞬の内に、どこからともなくありあまるほどのエネルギーが湧いてきてあなたを圧倒するのだ。

そのエネルギーはいったいどこからやってきたのだろう？　食べ物や睡眠の習慣に急激な変化はなかった。それにもかかわらず、ガールフレンドがやってくると、夜を徹して語り合い、明け方には日の出を見にでかけることになるのだ。あれほど疲れていたのに、今やまったく疲れを感じない。ガールフレンドと手をつなぎ、うれしさがこみあげてくるのを抑えられない。人々はあなたを見て、光の束のようだと言う。

注意深く観察すれば、あなたの内部に驚異的な量のエネルギーがあることに気づくだろう。それは食べ物からやってくるのではないし、睡眠からやってくるのでもない。このエネルギーはいつでも使用可能なのだ。好きなときにあなたはそれを利用できるのだ。それはただ湧き出てきて、内側からあなたを満たす。このエネルギーに満たされると、世界全体を引き受けられるような気分になる。エネルギーが強く流れると、実際にそれが波となって全身をかけめぐるのが感じられる。身体の奥から自然に湧き出してきて、あなたを回復させ、再充電するのだ。

エネルギーが感じられなくなる理由

四六時中このエネルギーが感じられないのは、あなたが妨《さまた》げているからにほかならない。暗い気持ちになったり、規制された内的空間に自分自身を押し込めたりすることで、それを「ブロック（せき止めること）」しているのだ。ブロックすると、あなたはすべてのエネルギーから切り離される。その結果、光もエネルギーも入ってくることができず、あなたは暗闇に閉じ込められる。

それがブロックのブロックたるゆえんであり、エネルギーがなくなる理由である。エネルギーが流れる回路には、弁の役目を果たすいくつかの中枢がある。それらを閉じると、エネルギーが回らなくなる。あなたの中にはさまざまなエネルギーの中枢があるが、もっともわかりやすいのはハートだろう。

たとえば、愛する人と一緒にいると、人は開放的な気分になる。信頼関係で結ばれているため、お互いの間に壁がなく、自由にエネルギーが交換されるからだ。ところが、愛する人との間に何か問題があって、関係がギクシャクしだすと、エネルギーを感じるどころか、胸苦しささえ覚えるようになる。ハートを閉ざしてしまうからだ。

ハートはエネルギーの中枢であり、開くことも閉じることもできる。ヨガ行者はエネルギーの中枢をチャクラと呼ぶ。ハートのチャクラを閉ざすと、エネルギーが流れ込まなくなり、ハートが闇に支配される。どれだけハートを閉ざすかによって、あなたはとてつもない不安を感じるか、無気力になる。しばしば人々はこれら二つの状態を行き来する。だが、愛する人と仲直りすると、あなたのハートはふたたび開き、愛が流れはじめる。

あなたは内部に美しいエネルギーの泉をもっている

こうした人生のダイナミズムをあなたは何度経験しただろうか？　あなたは

内部に美しいエネルギーの泉をもっている。ハートを開けば、それを感じるが、閉ざせば、感じない。このエネルギーの流れはあなたの存在の深部からやってくる。それは多くの名前で呼ばれてきた。古来より中国の医学では、気と呼ばれる。ヨガの伝統ではシャクティ、西洋ではスピリットと呼ばれる。好きなように呼んでもらいたい。

偉大な霊的伝統はすべてあなたの霊的なエネルギーについて語っている。ただ異なった名前で呼んでいるだけなのだ。愛が勢いよくハートに流れ込んでくるとき、あなたが経験するのは、そうした霊的なエネルギーである。あなたが何かに熱中するときに経験するものもそれだ。この高度なエネルギーはあなたの内部から湧き上がってくるのだ。

このエネルギーについてあなたはもっとよく知るべきである。自分のエネルギーなのだから。それは無尽蔵であり、あなたに生まれながらにして備わっている。あなたは望めばいつでもそれを呼び覚ますことができる。それは年齢とは関係がない。八〇歳になっても、子どものようなエネルギーや情熱をもっている人たちがいる。かれらは一日も休まず、長時間働くことができる。エネルギーは年を取らず、疲れを知らないし、食べ物も必要としない。エネルギーが必要とするのは、ハートを開くことと、受容的になることだ。

このエネルギーは等しく万人に利用可能だ。太陽は万人を等しく照らし、善人にも悪人にも同じように光を注ぐ。内的エネルギーも同じである。唯一の違いは、内的エネルギーの場合、あなたは回路を閉ざし、エネルギーの流れを阻止する能力をもっていることだ。ハートを閉ざせば、エネルギーの流れが止まり、開けば、エネルギーがどっとあなたの中に入り込んでくる。真の霊的な教えは、このエネルギーに対してどうやってハートを開けばいいかを教える。

ハートを閉ざす習慣を改める

ハートを開いたままにしておくきわめて簡単な方法がある。ハートを閉ざさないことだ。単純なことなのだ。あなたがしなければならないのは、ハートを開いたままにしておくか、閉じたほうがいいかを決めることだけである。実際のところ、ハートの閉ざし方を忘れるよう自分を訓練することもできる。閉ざすのは習慣であり、他の習慣と同様に、改めることができる。

たとえば、あなたは基本的に人を恐れるタイプの人間で、最初に出会ったとき、ハートを閉ざす癖があるかもしれない。あるいは緊張症で、誰かが近寄ってくると、反射的に感覚を閉ざしてしまうかもしれない。そうであったとしても、人と会ったらハートを開くよう自分を訓練することができるのだ。それは単に選択の問題である。あなたはいつでもそれをコントロールできる。

問題は、わたしたちがコントロールの仕方を学ばないことだ。普通の環境の下では、わたしたちがハートを開くかどうかは心理的要因に委《ゆだ》ねられる。基本的にわたしたちは、過去の経験に基づいてハートを開いたり閉ざしたりするようプログラムされている。過去の印象がハートの中に残っており、もしそれがネガティブな印象だったら、なんらかの出来事で刺激されたとき、わたしたちはハートを閉ざす。逆に肯定的な印象であれば、ハートを開く。

たとえば、幼い頃、誰かが夕食を作ってくれたときのことを思い出させる匂いを嗅いだとしよう。あなたがこの匂いにどう反応するかは、過去の経験によって刻み込まれた印象に基づく。あなたは家族と夕食を食べるのを楽しんだだろうか？　料理はおいしかっただろうか？　以上の質問に対する答えがイエスなら、その匂いはあなたをほのぼのとさせ、ハートを開かせるだろう。家族と一緒に夕食を食べるのがそれほど楽しくなかったり、嫌いな食べ物を食べなければならなかったりしたら、あなたは緊張し、ハートを閉ざすだろう。

実際、過去の印象はきわめて敏感な反応を引き起こすのだ。特定の色の車を見たり、人が履いている靴を見たりしたときにも、あなたは同様な反応をする。わたしたちは過去の印象に基づいてプログラムされているので、あらゆる種類のものごとが、わたしたちのハートのあり方を左右する可能性がある。注意していれば、毎日、規則的にそのようなことが起こっていることに気づくだろう。

何があろうと、ハートを開いたままでいる

だが、エネルギーの流れはわたしたちの人生を大きく左右する。

これは重要なことだ。これほど重要なことを偶然に委ねるべきではない。もしあなたがエネルギッシュでいたいなら、決してハートを閉ざしてはならない。

ハートを開いたままにしておくことを学べば学ぶほど、より多くのエネルギーがあなたの中に流れ込んでくるだろう。

自分がハートを閉ざそうとしていることに気づいたら、本当にエネルギーの流れを遮断したいのかどうかを自問してもらいたい。なぜなら、あなたは望めば、この世で何が起ころうと、ハートを開いている方法を習得できるからだ。ただ単に、ハートを閉ざさないと決心をし、無限のエネルギーを受け取る能力を極めることに専念すればいいのだ。

最初はうまく運ばないかもしれない。生まれながらの防衛手段として、ハートを閉ざす性癖があなたにはそなわっているからだ。だが、ハートを閉ざしても、あなたは何ものからも守ってもらえない。自分のエネルギー源から自分を切り離すだけにすぎない。最終的にそれはあなたを内部に閉じ込めてしまうだろう。

つねにいい気分でいて、瞬間瞬間の経験に胸を躍らせていることができれば、それがどんな経験でも恐れるに足らない。

あなたが内部でそのように感じていれば、それは楽しい経験となる。そして、多くの人が躍起になって求めている愛と情熱と喜びに満ちた人生をやすやすと手に入れることができる。ハートを開いているために何が必要かを考えてはならない。もし条件をつければ、それに合わせて自分のハートを制限することになるからだ。したがって、何が起ころうとハートを開いているのが一番なのだ。

どのようにしてハートを開いたままでいるかはあなた次第である。

ハートを閉ざさないことが、究極の秘訣なのだ。ハートを閉ざさなければならないほど重要な出来事は人生にはない。ハートを閉ざしそうになったら、「いや、わたしはハートを閉ざさない。リラックスして、なりゆきに任せ、付き合うつもりだ」と自らに言ってもらいたい。どんななりゆきにも向き合って、付き合ってもらいたい。ハートを開いたまま、胸を躍らせながら対処するのだ。そのうちに、ハートの閉ざし方を忘れていることに気づくだろう。誰が何をしようと、どんな状況が発生しようと、あなたはハートを閉ざそうとは思わないだろう。あなたはただ、全身全霊で人生を受け止めるだろう。

一旦、そのような境地に達すれば、あなたのエネルギー・レベルは驚くべきものとなるだろう。あなたはいつでも必要なエネルギーをもちつづけるだろう。

ただリラックスしてハートを開いていれば、莫大なエネルギーが湧き起こってくるだろう。問題は、ハートを開いたままでいられるかどうかである。

エネルギーは癒やす力をもっている

ハートを開いたままでいればいるほど、多くのエネルギーが蓄積する。ある時点で、あなたの中に入り込んだエネルギーがあふれ出しはじめる。

そのとき、エネルギーの波動があなたから注ぎ出るかのように感じる。実際に、それがあなたの手やハートから、そして他のエネルギーの中枢から流れだすのを感じることができるのだ。

あなたのエネルギーの中枢から流れだした莫大な量のエネルギーは他の人々に影響を及ぼさずにはいない。人々はあなたのエネルギーを吸収し、自らを養う糧《かて》にする。つまりあなたは周囲の人々の光源になるのだ。

ハートを閉ざすことなく、開いたままにしていてもらいたい。自分に何が起こっているかわかるまで待つのだ。あなたはエネルギーの流れで健康さえ左右することができる。病にかかりそうだと感じたら、ただリラックスして、ハートを開いていてもらいたい。そうすれば、より多くのエネルギーが体内に入ってきて、身体を元気にしてくれるだろう。エネルギーは癒やす力をもっている。愛が癒やすことができる理由はそこにある。内的エネルギーを探究すれば、驚くべき発見がなされるだろう。

人生でもっとも重要なものは内的エネルギーである。もしいつも疲れていて、何事にも熱中できなければ、人生は面白くない。一方、いつも元気溌剌《はつらつ》として、エネルギーに満ちあふれていれば、日々、一瞬一瞬がワクワクしたものになるだろう。

あなたは瞑想や自覚することを通して、また意識的な努力によって、エネルギーの中枢を開いておく方法を学ぶことができる。

ただ、リラックスして不安や恐れを手放せばいいのだ。ハートを閉ざすだけの理由があるといった考えを受け入れてはならない。人生を愛するなら、ハートを閉ざさなければならないものなどないことを覚えてほしい。

4章◉エネルギーの中枢——ハートの秘密

ハートは霊妙なエネルギーでできた楽器である

ハートはきわめて重要な器官である。にもかかわらず、あまり理解されていない。被造物の傑作の一つであるハートは驚くべき楽器であり、ピアノ、弦楽器、フルートの美をはるかにしのぐ振動や調和を生み出す潜在力をもっている。ハートがきわめて霊妙なエネルギーでできた楽器であることに気づいている人はほとんどいない。

ハートはわたしたちの人生を左右する重要な働きをするが、ほとんど気づかれずに仕事をするため、理解されにくい。たとえば、ハートが開いたとき、わたしたちは恋に陥るが、閉じれば、愛は消え失せる。ハートが傷つくと、わたしたちは怒りに駆られる。ハートをまったく感じられなくなると、空しい気持ちになる。こうしたさまざまな出来事が起こるのは、ハートが刻々と変化するからだ。ハートの中で起こるこうしたエネルギーの変化があなたの人生を動かす。あなたはそれらに同調しているので、ハートの内部で起こっていることに言及するとき、「わたしは」とか「わたしに」とか「わたしを」とか、しきりに自分をからめた言葉を口にして、自分がハートそのものであるかのように振る舞う。しかし、実際には、あなたはハートではない。ハートの動きを経験している者である。

エネルギーの中枢としてのハート

ハートを理解するのは難しいことではない。ハートは一つのエネルギーの中枢（チャクラ）である。それはもっとも美しくて強力なエネルギーの中枢の一つで、わたしたちの日々の生活に影響をあたえる。

すでに見てきたように、エネルギーの中枢とは、あなたのエネルギーが集中し、分配され、流される部分だ。こうしたエネルギーの流れはシャクティ、スピリット、気などと呼ばれてきた。それはあなたの人生において複雑な役割を果たす。ハートがエネルギーに満たされるのを感じるのは、人を愛したときや、霊感に打たれたり、情熱に駆られたりしたときだ。ハートの内部から湧き上がってくるエネルギーはあなたを強くし、自信をもたせる。そのようなことはすべて、ハートがエネルギーの中枢であるゆえに起こるのだ。

ハートは開閉することによってエネルギーの流れをコントロールする。これは、ハートが弁のようにエネルギーの流れを許すことも制限することもできることを意味する。自分のハートを観察していれば、ハートが開いているときや閉じているときの感覚がよくわかるようになる。実際に、あなたのハートの状態はきわめて規則的に変化する。誰かと愛し合っているとき、ハートは開いているが、気に障《さわ》ることを言われると、とたんにハートが閉じ、愛を感じなくなる。誰でもそのような経験をしたことがあるだろう。そんなとき、いったい何が起こっているのだろう？　わたしたちはハートなしでは生きられないので、それを理解しておく必要がある。

ハートが自らを閉ざす理由

基本的な疑問を提示することからはじめよう。

ハートはどのような理由で自らを閉ざすのだろう?

ハートが自らを閉ざすのは、蓄積された過去の未解決のエネルギー・パターンによってブロックされるからだ。それを理解するには、日々の経験を検討してみればよい。この世界で何らかの出来事が起こると、それが五感を通してあなたの中に入ってきて、あなたの内的な状態に影響を及ぼす。こうした体験は恐怖や不安を引き起こすかもしれないし、愛の感情を呼び覚ますかもしれない。あなたが出来事をどのように捉え、消化するかによって、内部でさまざまな経験が生まれる。

五感を通して出来事を取り込むとき、実際にあなたの中に入ってくるのはエネルギーである。形そのものはハートに入ってこない。形は外部にとどまるが、あなたの感覚的知覚によって、ハートが体験できるエネルギー・パターンへと変換される。

科学はこうした感覚処理のプロセスをわたしたちに説明する。

あなたの目は、実際には、世界を覗く窓ではない。世界のイメージを電気信号に変換してあなたに送るカメラなのだ。これはすべての感覚にあてはまる。感覚は世界で起こっている出来事を知覚し、情報を変換し、電気的な神経インパルスを通してデータを伝送する。すると、ハートの中にその印象が生み出される。あなたの感覚は実際に電子的な知覚装置なのだ。しかし、あなたのハートに入ってくるエネルギー・パターンが障害をきたすと、あなたは抵抗し、それらがあなたの内部を通過するのを許さない。そのとき、そのエネルギー・パターンはあなたの中でブロックされる。

覚醒者は「今」に生きる

これはきわめて重要である。このようなエネルギーがあなたの中に蓄積されることがどのような感じかを理解するために、まず、何も蓄積されない場合のことを検討してみよう。

すべてがあなたの中を通過していったらどうだろう?

たとえばハイウェイをドライブしているとき、恐らくあなたは何千という樹木の間を通過するだろう。それらはあなたに何の印象も残さない。知覚されるとすぐに過ぎ去ってしまう。ドライブしている最中、あなたは樹木や建物や車を見るが、いずれもあなたに持続する印象を残さない。それらを見るときに瞬間的な印象を覚えるだけにすぎない。それらは五感を通してあなたの中に入ってきて、ハートに印象を刻むが、素早く解き放たれる。それらに個人的なこだわりがなければ、印象は素早く処理される。

本来、知覚システムはそのように働くよう仕組まれている。ものごとを取り込み、あなたにそれらを経験させ、次の瞬間、あなたが現在に集中できるよう、それらを通過させることになっているのだ。

このシステムがうまく機能している間は、なんの問題も生じない。あなたはただつぎつぎに経験を重ねていく。ドライブは一つの経験であり、樹木が通り過ぎていくのも、車が通り過ぎるのも経験である。これらの経験は映画のようにあなたにあたえられる贈り物だ。それらはあなたの中を通過していき、あなたを目覚めさせ、刺激する。

それらは実際のところ、あなたに深遠な影響を及ぼす。一瞬一瞬の経験を通して、あなたは学習し、成長していく。あなたのハートは拡大しつづけ、あなたは非常に深いレベルでものごとに触れる。もし経験が最高の教師であるなら、人生の経験に勝るものはない。

人生を生きるとは、あなたの中を通り過ぎていく一瞬一瞬を経験することを意味する。多くの異なった経験があなたの中に入ってきて、通過していく。正常に働いているとき、それは驚くべきシステムである。もしそのような状態で生きることができれば、あなたは完全に目覚めた存在になるだろう。

覚醒者はそうやって「今」に生きる。

かれらは現在に存在し、一瞬一瞬の経験をあますところなく享受する。一つ一つの経験を存在の深いところで受け止めるのだ。したがって瞬間瞬間が刺激的で感動的な体験となる。かれらは完全にハートを開くので、経験が滞《とどこお》りなくかれらの中を流れていく。

ハートに引っかかる出来事

だが、ほとんどの人の中で起こっているのはそういうことではない。通りをドライブしていると、木々や車がつぎつぎに通り過ぎていくが、気にかかるものが必ず登場する。ライトブルーのフォードのムスタング、それはガールフレンドの車のように見える。それが通り過ぎるとき、二人の人間がフロントシートで抱き合っていることにあなたは気づく。少なくとも、抱き合っているように見えるし、確かにガールフレンドの車のように見える。だが、それは他のすべての車となんら違いがないのではないだろうか？　いや、あなたにとってはそうではない。

何が起こったのか念入りに見てみよう。

確かに、目というカメラにとっては、その車は他の車と何の違いもない。車体から反射した光があなたの網膜を通過し、あなたのハートに視覚的な印象を生み出す。したがって、物理的レベルでは、違うことは何も進行していない。

だが、ハートのレベルでは、その印象が通り抜けていかないのだ。次の瞬間、あなたはもはや残りの樹木に気づいていないし、残りの車も見ていない。例の車はすでに通り過ぎていったにもかかわらず、あなたのハートはその車に固着している。つまり、あなたはある出来事に引っかかってしまい、うまく処理できずにいるのだ。そのため、その出来事が未解決の問題としてあなたの中に残っているのだ。

通り抜けていかない経験にいったい何が起こっているのだろう？　とりわけ、ガールフレンドの車のイメージが他のすべてのことと同じように、記憶のかなたに消え去っていかないとしたら、それに何が起こっているのだろう？　じっくりと考えてみる必要がある。

あなたは今や、ハートに引っかかっている問題を処理することに囚われ、他のことに十分注意を払えなくなる。あなたの中には、次のような考えが浮かんでくるかもしれない。

「多分、彼女じゃなかったんじゃないだろうか？　いや、絶対、彼女じゃなかった。彼女だなんてありえない？」

つぎつぎに考えが去来し、あなたをいたたまれなくさせる。そうした内的な騒音のすべては、ブロックされたエネルギーを処理し、邪魔させないようにしようとするあなたの試みなのだ。

サンスカーラ

あなたの中を通り過ぎていかないエネルギー・パターンは、手放す準備ができるまで、あなたの中に居座りつづける。これらのエネルギー・パターンは実にリアルなものである。自然に消滅することはなく、長い間、あなたの中にとどまる可能性がある。

長期間、エネルギーを一箇所にとどめておくのは容易なことではない。これらの出来事が意識を通り抜けるのを意図的に阻止しようとすると、そのエネルギーはまず内的対話を通して、自らを消化しようとする。それを押さえつけると、今度はハートを通して自らを解き放とうとする。その結果、さまざまな感情が生み出される。それにも抵抗すると、そのエネルギーはハートの奥深くに詰め込まれて蓄積される。

ヨガの教えでは、こうした未解決のエネルギー・パターンはサンスカーラ(Samskara)と呼ばれる。これはサンスクリット語で「心の能動的な働き」を意味する。人生に影響を及ぼすもっとも重要な影響力の一つとみなされている。サンスカーラとは過去の印象に由来する働きであり、あなたの人生を左右するものだ。

サンスカーラの理解を深めるため、ブロックされたエネルギー・パターンの背後で働く力学を詳しく見てみよう。あなたの中に入ってブロックされたエネルギーは、停滞しているように思えるかもしれないが、エネルギー波と同じように動きつづけている。動きつづけながら、あたかも一箇所にとどまっている方法があるのだ。

円を描いて回る方法だ。原子や惑星の軌道にそれが見られる。

あらゆるものはエネルギーである。エネルギーは封じ込められないと、外へと拡大していく性質がある。エネルギーが安定するためには、自転の力学に頼らなければならない。物質的なエネルギーの全宇宙の基本的な構成形が、原子のエネルギーとして顕現している理由はまさにそこにある。エネルギーは自転する。原子が世界を吹き飛ばすに十分な抑圧されたエネルギーを内に秘めていることは周知のことである。だが、強制されない限り、そのエネルギーは平衡状態を保ちつづける。

こうしたエネルギーの循環が、まさにサンスカーラで起こっている。サンスカーラとは一見平衡状態にあるように見える、蓄積された過去のエネルギー・パターンの循環である。あなたが受け入れることに抵抗すると、そのエネルギーは行き場を失い、循環しつづけるのだ。大抵の人のハートでは、しょっちゅうそういうことが起こっている。この循環するエネルギーの束は文字どおりあなたの活発なハートの中心に蓄えられる。あなたがこれまでの人生で集めたすべてのサンスカーラはそこに蓄えられる。

あなたを通り抜けなかったものは、すべてあなたの中にある

ここで、ガールフレンドの車の例に戻ってみよう。妨害されたエネルギー・

パターンがハートに詰め込まれて蓄えられると、基本的に不活性になる。そのため、あなたには、それ以上問題ではないように思える。

あなたはその出来事をガールフレンドに話しさえしないかもしれない。自分が嫉妬しているかのように思われるのが嫌だからだ。あなたはどうすべきかわからなかったので、そのエネルギーに抵抗した。その結果、それはハートに蓄えられ、背景へと退いて、煩《わずら》わしいものではなくなった。あなたには、すべてが終わったかのように思えるが、実はそうではないのだ。

あなたが蓄えてきたサンスカーラのすべては依然としてそこにある。赤ん坊のときから今のこの瞬間まで、あなたを通り抜けなかったものはすべてあなたの中にある。ハートの弁を覆っているのは、これらの働き、すなわちサンスカーラである。その覆いは年を追うごとに分厚くなっていき、エネルギーの流れを制限する。

サンスカーラの覆いが分厚くなると、エネルギーが少ししかハートに入ってこなくなるので、憂鬱な気分になり、何もかも否定的に見えるようになりやすい。

蓄積されたエネルギー・パターンは実質的な力をもっている。サンスカーラは実際に、通り抜けていくことができなかった出来事の具体的な細部によってプログラムされる。ガールフレンドが車内で誰かと抱き合っているのを見たと思って嫉妬を感じるとしたら、その出来事の波動を含め、細かいデータがサンスカーラの中に蓄積される。

蓄積されたエネルギーの活性化

それをはっきりさせるために、未来に起こることを見てみよう。

五年後、あなたはもはやそのガールフレンドと付き合っていない。他の女性と結婚し、年を取っている。ある日、楽しい時間を過ごすため、家族と一緒にドライブに出かける。樹木や車がつぎつぎに通り過ぎていき、ライトブルーのムスタングとすれ違う。すれ違いざま、フロントシートで二人の人間が抱き合っているのが垣間見える。即座に、あなたのハートの中で何かが変わる。実際に心臓が一瞬停止し、それから素早く脈を打ちはじめる。あなたはいらつき、動揺しはじめる。もはやあなたはいい気分ではいられない。こうした内的変化のすべては、一台の特別な車を見たときに、あなたのハートが乱されたゆえに起こるのだ。

つまりこういうことだ。五年前、ほんの一瞬、一つの出来事が起こった。あなたはそれを誰にも話さなかった。五年たった今、一台のライトブルーのムスタングがすれ違い、あなたのハートを通過するエネルギーの流れを変えるのだ。信じがたく思えるだろうが、それは真実である。ライトブルーのムスタングだけにあてはまるのではない。あなたを通り抜けていかなかったすべてのものにあてはまるのだ。

まるで強要されるように、ハートが開いたり、閉じたりしつづけるのも不思議はない。ハートに蓄積されたエネルギーは現実的なものであり、現在の思考や出来事の流れと相互作用する。この相互作用の力学が波動を生み出す。その波動がサンスカーラとして蓄えられ、後年、ときどき活性化される。

それが、ライトブルーのムスタングに起こったことである。けれども、蓄積されたエネルギーを活性化するのが同一の車である必要がなかったことに注意してもらいたい。フロントシートで人間が抱き合っていれば、黒のムスタングでも、他の車でもよかったかもしれないのだ。近くにあるどんな車でも、サンスカーラを刺激する潜在力をもっている。

要は、過去の印象が刺激され、あなたの人生に影響を及ぼすことだ。今日の出来事の感覚入力が、長年かけてあなたが蓄えてきたものを掘り起こし、過去のパターンを回復させるのだ。サンスカーラは刺激されると、花のように開き、蓄積されたエネルギーを放出しはじめる。突然、最初の出来事が起こったときに経験したことがあなたの中でひらめくのだ――思考や感情だけではなく、匂いやその他の感覚も蘇《よみがえ》ってくることがある。

サンスカーラは出来事の完璧なスナップショットを蓄えることができる。それは人間の作ったどんなコンピュータのストレージ・システム（記録装置）をもはるかに超えており、あなたが感じたこと、考えたこと、出来事の周辺で起こったことのすべてを保管できる。こうした情報のすべては、ハート内のちっぽけなエネルギーの泡の中に蓄えられる。

時を経て、それが刺激されると、即座にあなたは過去に覚えた感情を経験する。実際にあなたは六〇歳になっても、五歳児のときの恐怖や不安を感じることがありうる。起こっているのは、未解決の精神的、感情的エネルギー・パターンが再活性したということである。

ハートをブロックする二通りの要因

だが、あなたが感覚を通して取り込むもののほとんどはブロックされないことを知ることも大切である。大半のことはあなたの中を通り抜けていく。一日にどのくらいのものごとを見ているか想像してもらいたい。

あなたのハートに映し出される印象の中でブロックされるのは、問題のあるものか、尋常ならざる喜びの感覚を引き起こすものだけである。まさに、あなたは肯定的な印象も蓄えるのだ。あなたが素晴らしい経験をすると、それはあなたの中を通り過ぎてはいかない。あなたがしがみつくからだ。「この経験を消したくはない。彼はわたしを愛していると言った。わたしは愛されていると感じ、守られている感じがした。あの瞬間を経験しつづけたい。わたしのために何度も繰り返し、再生したい」と思うのだ。

したがって、わたしたちがハートをブロックする要因は二通りある。一つは煩わしいという理由でエネルギーを押しのけようとするケース。もう一つは好むという理由でエネルギーをとどめておこうとするケースである。いずれにしろ、あなたはそれらを通過させようとしていない。抵抗するか、しがみつくことを通してエネルギーの流れをブロックする。そうすることで、貴重なエネルギーを無駄にしているのだ。

人生を楽しむという選択

抵抗したり、しがみついたりして生きる生き方もあれば、人生には楽しむという生き方の選択肢もある。そのような生き方ができれば、各瞬間があなたを変えるだろう。

人生と戦うのではなく、人生の贈り物を積極的に味わえば、あなたは存在の深いところに降りていくことができる。そうした状態に達すれば、ハートの秘密も見えてくるだろう。

ハートはエネルギーが通り過ぎていく場所だ。このエネルギーはあなたを鼓舞し、持ち上げる。それは、あなたに生きる力をあたえ、豊かな愛を経験させる。あなたがどれだけ豊かな人生を送れるかは、どれだけハートを開けるかにかかっているのだ。ハートを閉ざしさえしなければ、あなたの中に注ぎ込む愛や霊感が途絶えることはない。それが健康なハートの自然な状態である。

こうした状態を達成するためには、人生の経験が自分の中に入ってきて、通り過ぎていくのを許せばいいのだ。もし以前に処理することができなかったために、古いエネルギーが戻ってきたら、今、それらを手放そう。それだけのことだ。ライトブルーのムスタングとすれ違い、恐れや嫉妬を感じたら、ただ微笑んでもらいたい。ずっと蓄えられてきたこのサンスカーラがあなたの中を通過していく機会をもてることを幸せに思ってもらいたい。ただハートを開いてリラックスし、許し、笑い、やりたいことをすればいいのだ。押し返してはならない。もちろん、サンスカーラが浮かび上がってくると、ハートが痛む。痛みとともに蓄えられていたからだ。だがその痛みは長くはつづかない。痛みを避けようとすると、何度でもそれは戻ってくる。どちらを選ぶかはあなたが決めなければならない。

一旦、気持ちを鎮めて座り、蓄積されたエネルギー・パターンと戦うことをやめれば、それらは絶え間なく浮かび上がってきては、あなたの中を通り過ぎていくだろう。それらは日中でも、夢の中にでも浮かび上がってくるだろう。そのうちにあなたのハートは手放すプロセスや浄化のプロセスに慣れるだろう。なりゆきに任せたらいい。決着をつけるのだ。それらをいちいち相手にしてはならない。それでは対応しきれない。どっかりと座って、なりゆきに任せるのだ。身体が細菌その他の異物を追放するように、あなたのエネルギーの自然な流れは蓄積されたパターンをハートから追い出すだろう。

その結果、あなたのハートは永遠に開かれたものになるだろう。あなたは愛の中に生き、愛はあなたを養い、強くする。それが本来のハートの働きである。

ハートが演奏できるすべての音を味わってもらいたい。リラックスして手放せば、このハートの浄化は素晴らしい結果をもたらすだろう。あなたの集中を想像しうる最高の状態に定め、そこから離れないでもらいたい。もし離れたら、すぐに戻してもらいたい。エネルギーの流れを自由にするこのプロセスをやり通すということが、あなたが偉大であることを示す証拠なのだ。

きっとあなたはそこに行き着くだろう。どうか蓄積したエネルギーを手放してもらいたい。

パート3

自分を解放する

5章◉ハートに刺さった棘を抜く

スピリチュアルな旅は絶え間ない変容の旅である。成長するためには、同じままでとどまろうとするのを諦め、いつでも変化を受け入れることを学ばなければならない。とくに変える必要があるのは、個人的な問題の解決の仕方である。通常、わたしたちは自分自身を守ることによって内的な問題を解決しようとする。だが、真の変容は、問題を成長の促進要因として受け入れるときにはじまる。このプロセスが働く仕組みを理解するために、次のような状況を検討してみよう。

未来を決める重要な選択

あなたの腕に神経に直接触れる棘《とげ》が刺さったとしよう。棘に触れると、とても痛いので、これは深刻な問題である。寝返りを打つと腕が痛むため、夜もろくに眠れない。人々にも容易に近づけない。棘に触ってしまうかもしれないからだ。棘はあなたの日常生活をきわめて困難にする。森の中に散歩に行くこともできない。棘が枝にこすれてしまう可能性があるからだ。この棘は絶え間ない困難の源であり、問題を解決するためには、二つの選択肢しかない。最初の選択は、物が棘に触れると煩わしいので、いかなるものもそれに触れないよう監視するという方法だ。第二の選択は、棘を引き抜いてしまうという方法である。いずれにしても、あなたのする選択が残りの人生のコースを決めることになる。これは未来にかかわる重要な選択である。

問題を避けるという選択

まず最初の選択があなたの人生にどのような影響をあたえるかを見ていこう。棘に物が触れないよう気を配りつづけなければならないとしたら、監視する作業を一生することになるだろう。森の中に散歩に行きたければ、棘が枝に触れないよう、枝落としをしなければならない。寝ている間に寝返りを打って痛い思いをしないよう、対策も立てなければならない。恐らく、あなたは棘を刺激しないような装置を工夫するだろう。そのようなことにたくさんのエネルギーを費やし、うまく功を奏したら、あなたは問題を解決したと思うだろう。そして、「今では眠れるよ。テレビに出て、証言までしたんだ。棘の問題を抱えている人は誰でも、僕の保護装置を手に入れることができる。僕は特許権使用料さえもらえるんだ」と言うかもしれない。

こうしてあなたは棘の周囲に全人生を築き、それを誇らしく思う。森の枝が鬱蒼としないよう適度に枝落としをし、夜、寝るときには装置をつける。だが、新たな問題が生じる——恋に陥るのだ。あなたが置かれている状況では、抱擁するのが難しい。棘に触れる可能性があるため、誰もあなたに触れられないのだ。そこであなたは実際に触れずに人間同士が親密になることができる別の装置を考案する。最終的にあなたは棘のことを一切心配せずに動き回れる方法を模索するようになり、夜間、寝るときにも取り外す必要がないフル稼働の装置をこしらえる。実際にそれは素晴らしい装置である。だが、すこぶる重いので、あなたはそれに車輪をつけ、油圧でコントロールする。そして、衝突を感知するセンサーまでつける。

もちろん、保護装置が通れるよう家のドアも大きくしなければならない。だが、少なくとも今は、自分の人生を生きることができる。仕事にも行けるし、眠れるし、人と親密にもなれる。そこであなたはみんなに宣言する。「僕は問題を解決した。僕は自由だ。行きたいところにどこにでも行ける。やりたいことを何でもできる。この棘はかつてわたしの人生を動かしていた。だが、今はそうではない」と。

だが、それは違うのだ。真実は、棘があなたの全人生を完璧に動かしているということだ。棘は、あなたがどこに行くか、誰と一緒だと快適かといったことを含め、あなたのすべての決断を左右している。あなたがどこで働くことを許されるか、どんな家に住めるか、どんなベッドで眠れるかも決定する。その棘があなたの人生のあらゆる局面を動かしているのだ。

結局、問題から自分自身を守ろうとすれば、問題そのものがまともに人生に反映することになる。つまりあなたは何も解決しなかったのだ。もしあなたが問題の根本原因を解決せずに、問題から自分自身を守ろうとすれば、最終的にそれがあなたの人生を動かすようになる。あなたは自分自身の気持ちにばかり執着して、木を見て森を見ていない。そして、問題の痛みを最小限に抑え、問題を解決したと思い込む。だが、問題は解決されていない。あなたがしたのは問題を避けることに人生を捧げることだった。そのため、今や問題があなたの宇宙の中心に居座っている。

ハートに刺さった棘

孤独を例にとってみよう。あなたが深い孤独感にさいなまれているとしよう。非常に深い孤独なので、夜、なかなか寝つけない。日中はとても敏感になる。寂しさでつらく思うこともよくある。仕事に集中することができず、日々の人付き合いにも困っている。とても寂しいとき、人に近づくのがしばしば困難になる。おわかりのように、孤独はちょうど棘に似ている。それはあなたの人生に苦痛や混乱を生み出す。だが、人間のハートに刺さる棘は孤独だけではない。拒絶、容貌、精神的能力に対してもわたしたちは敏感である。つまりわたしたちは、繊細なハートに刺さる棘をたくさんもっているのだ。いつでもどこでも、何かがそれらに触れ、痛みを引き起こす可能性がある。

腕に刺さった棘同様、ハートに刺さった棘の場合にも、やはり二つの選択肢がある。棘を引き抜いてしまうほうがはるかに賢明なことは明白だ。棘を取り去ることができるのに、それに触れないようにすることに一生費やさなければならない理由はない。一旦、棘が取り去られれば、あなたは棘から自由になる。

ハートの棘にも同じことがいえる。取り去ることができるのだ。それなのに、棘に触れるのを避けるほうを選んだら、痛い思いをしないようにするために人生を修正しなければならない。もしあなたが孤独であれば、カップルがいそうな場所に行くのを避けなければならない。拒絶されるのが怖いというのであれば、人と接するのを避けなければならない。けれども、あなたがそうするのは、森の枝落としをするのと同じ理由からである。あなたは棘を刺激するのを避けるために、自分の人生を調整しようとしている。先の例で棘は外部にあったが、今は内部にある。

寂しいとき、あなたは寂しさをどうにかしてまぎらわせようとする。寂しさを感じないでいるために、あなたにできることは何だろう？　あなたが問題を取り除く方法を尋ねていないことに注意してほしい。問題を感じる状況から自分自身を守る方法ばかりを尋ねているのだ。あなたは寂しさを感じる状況を避けるために人や場所や物を利用して、自分を守ろうとしているだけなのだ。結局、あなたは棘をもった人物と同じで、孤独によって全人生を動かされるようになるのだ。

あなたは孤独感を和らげてくれる人と結婚し、それが自然でノーマルだと思うだろう。だがそれでは、棘を抜かず、棘の痛みを避けることで生きていく人間と同じである。あなたは孤独の根本原因を取り除くことをせず、孤独を感じることから自分自身を守ろうとしただけだ。相手が死ぬか、あなたの元を去るようなことがあれば、あなたはふたたび孤独に悩まされるだろう。内的問題から目を逸らさせてくれる外的状況が消滅したとたん、問題がぶり返すのだ。

逃げると問題が複雑化する

棘を取り去らなければ、ゆくゆくあなたは、棘の痛みを避けるために自分で引きずり回してきたすべてのことに責任を負うことになる。もし幸運にも、孤独感を和らげてくれる誰かに出会えば、その人物との関係を維持することに汲々《きゅうきゅう》とするようにもなる。これは棘の痛みを感じないようにするために装置を使うのとまったく同じである。あなたは必要に応じて自分の人生を調整しなければならない。

根本的な問題がハートに居座るのを許すと、それは複数の問題へと発展する。あなたは、たんにそれを取り除けばいいとは考えなかった。代わりにあなたが見出した唯一の解決策は、それを感じるのを避けようとすることだった。そのため、あなたはいろいろなことに気をつかわなければならない。どのように着こなし、どのように話すかに気をもまざるをえない。人々が自分をどう思っているかを心配しなければならない。なぜなら、人々の反応があなたの孤独感や愛の欲求に大きな影響を及ぼすからだ。

あなたは今や、人間関係について悩むという重荷を背負っている。それは緊張や不快感を生み、夜の睡眠にも影響を及ぼすことがある。だが、あなたが経験している不快感は孤独感ではないことに注意してほしい。それは、「わたしの言うことは正しいだろうか？　彼女は本当にわたしのことが好きなのだろうか？　それともかってにわたしがそう思っているだけなのだろうか？」といった終わりのない思考なのだ。根本的な問題は今や、これらの表層の問題の下に埋められてしまっている。表層の問題はすべて、より深い問題を避けようとするために出てきているのだ。

ほとんどの人々は人間関係を利用して棘を隠そうとするので、問題が複雑化する。かれらはハートの棘を恐れて行動を修正する。腕に棘が刺さったまま暮らす人のように、自分の人生を制限するようになるのだ。

内部に煩わしい問題を抱えているなら、あなたは最終的に選択しなければならない。棘の痛みを感じるのを避けることですべてをおし隠すのか、棘を引き抜き、それに囚われるのをやめるのかを。

ハートの棘は過去にせき止められたエネルギーにすぎない

人間は、障害があればその根本原因を取り除く力をもっている。実際にそれを取り除くことができるのだ。あなたはハートの奥を覗き込み、存在の核にまで降りていって、自分の人生を動かしているもっとも弱い部分を手放す決断をすることができる。あなたはそれから自由になりたいのだ。あなたが人々と話したいのは、寂しいからではなく、興味があるからだ。人々と関係をもちたいのは、かれらに好かれたいからではなく、純粋にかれらが好きだからだ。愛したいのは内的問題に目をつむる必要があるからではなく、本当に愛しているからなのだ。

あなたが自分自身を解放するために必要なことはなんだろう？　突き詰めていえば、それは自分自身を発見することである。あなたは自分が感じている痛みではないし、周期的にいらつくストレスでもない。そうした問題はいずれもあなたとは関係ない。あなたはそのような痛みやストレスに気づいている存在である。

あなたの意識がそれらと分離し、それらを自覚しているゆえに、あなたは自分自身を解放できるのだ。ハートの棘から自由になるには、それらと戯れるのをやめればいいのだ。ハートの棘は過去にせき止められたエネルギーにすぎない。それゆえ、解き放つことが可能なのだ。問題は、あなたがそれらを解き放つ状況を完璧に避けているか、自分自身を守るという名目で、それらをハートに閉じ込めているということなのだ。

冷静に見つめる

あなたが家で座ってテレビを観ているとしよう。そこそこ番組を楽しんでいるが、二人のメインの登場人物が恋に陥ると、突然、あなたは寂しさを感じる。だが、あなたの周囲には寂しさをまぎらわせてくれる人は誰もいない。興味深いことに、数分前まであなたは大丈夫だったのだ。

この例は、棘がつねにあなたのハートの中にあることを示している。何かがそれに触れるまで、棘が刺さっていることに気づかなかっただけなのだ。気づくと、あなたはそれを空しさや、落ち込んでゆく感覚として感じる。とても不快な感覚である。あなたは自分を弱々しく感じ、置いてきぼりにされたときのことや、自分を傷つけた人々のことを考えはじめる。過去に蓄えられたエネルギーは解き放たれると、いろいろな思考を生み出す。今や、あなたはテレビを楽しむ代わりに、一人座って、思考や感情の波に翻弄されている。

そんなとき、あなたならどうするだろう？　何かを食べるだろうか、あるいは、誰かに電話をするだろうか？　それとも、いら立ちを鎮めるために、何かほかのことをするだろうか？　実は、ほかにもあなたにできることがある。それは、あなたの内面で起こっていることを冷静に見つめることである。あなたは、少し前までテレビを観ていたが、今は思考や感情の内的な動きに囚われてしまっている。そのことに気づけばいいのだ。そうと気づくのはあなたという主体、つまり意識なのだ。意識が見つめるのは対象である。空しさや落ち込んでゆく感覚も一つの対象にすぎない。

だから、あなたの出口は、内面の出来事に囚われてしまっていることに気づくことだけだ。実際にきわめて単純なことなのだ。棘を刺激しないよう開発した保護装置よりはるかにシンプルである。あなたがしなければならないのは、寂しさを感じるのは誰かに気づくことだ。気づくことは自由になることである。気づく者はすでに自由なのだ。もし煩わしいエネルギーから自由になりたかったら、それらをあなたの中に隠すのではなく、それらが通り過ぎていくのを許さなければならない。

自由な存在になる

あなたの内部にはとても敏感な住人が住んでいる。その住人が動揺したら、それをただじっと見つめてもらいたい。その住人が嫉妬や欲求や恐れを感じるのをただじっと見つめてもらいたい。

そうした感情は人間性の一部にすぎない。注意して見ていれば、それらが自分ではないことがわかるだろう。それらは、あなたが感じ経験している対象にほかならない。あなたはそうしたことのすべてを自覚している内的な存在である。「意識の中心」を失わずに保っていれば、困難な経験すらも評価し、敬《うやま》うことができるのだ。

たとえば、最も美しい詩や音楽の一部は孤独な悩める者たちによって生み出された。偉大な芸術は人間存在の深みから生まれる。深い孤独を感じるのはきわめて人間的なことである。

だから孤独をハートに溜め込んで悩むのではなく、孤独を感じる自分の繊細な面をこそ見つめてほしい。そのように自分を見つめながら、孤独も対象の一つにすぎないと、余裕をもっていてほしい。

「意識の中心」を失わずにただ目撃していれば、それは過ぎ去っていく。感情にこだわらなければ、その経験はすぐに過ぎ去り、別の経験に取って代わる。そのすべてをただ楽しんでもらいたい。そうすれば、あなたは自由になり、純粋エネルギーの世界があなたの中に開かれるだろう。

自己の座に座っていれば、それまで経験したことのないようなエネルギーを感じられるようになる。それは思考や感情を経験しているあなたの背後から湧き上がってくる。内面の出来事にかかずらわずに、自己の座に心地よく座っていれば、奥深くからこうしたエネルギーの流れが浮かび上がってくるのを感じはじめるだろう。

この流れはシャクティやスピリットと呼ばれてきた。それは、あなたが内的な混乱ではなく、真の自己と付き合うようになると、感じられるようになる。あなたは孤独を取り除く必要はない。それに関わることをやめればいいのだ。

それは車、芝生、星と同じように、宇宙の中の一つのものにすぎない。あなたには関係がないものだ。だから、手放せばいい。孤独が目の前を通り過ぎていくのを、ただ自覚すればいいのだ。

自己の座に座っていれば、ハートが弱々しく感じるときでも、内的存在の強さを経験するだろう。それが霊的な道の精髄であり、霊的な人生の核心である。内的な混乱を感じても大丈夫であり、それらがもはやあなたの「意識の中心」を揺るがすことができないことを知れば、あなたは自由になる。あなたの背後から湧き上がってくる内的なエネルギーの流れによって、自分が支えられていると感じはじめるだろう。内的なエネルギーの流れの歓喜を味わえば、世界の中を、世界に触れることなく歩けるようになるだろう。

それが自由な存在になる——超越する——ことの意味である。

6章◉自分を解放する

真に自由になるために必要な条件は、これ以上苦しみたくないと決意することだ。

人生を楽しむために、ストレスを溜め込んだり、苦しんだり、恐れたりする必要はないと決めることだ。

わたしたちは毎日、背負うべきではない荷物を背負っている。自分は善良ではないのではないか、失敗するのではないかと恐れ、不安になったり、心配したり、自意識過剰になったりする。

それだけではない。他人に依存されることや利用されることを恐れ、他人に愛されなくなることを極度に怖がっている。

こうしたことはすべて、わたしたちの大きな負担になる。他人とハートを開いて愛し合おうとするとき、また、うまく自分を表現しようとするとき、ハートに重くのしかかってくるのだ。

このハートの重しは苦痛、苦悩、悲しみを感じることへの恐れからなっている。にもかかわらず、わたしたちはそれに気づいていない。

人は自分がどれだけ苦しんでいるかわからない

人生のすべては苦しみであると仏陀は語ったが、まさにそうである。人は自分がどれほど苦しんでいるかわかっていない。苦しみでない人生とはどんなものか経験したことがないからだ。

角度を変え、あなたも、あなたが知っている人もいつも不健康だったらどうなるか想像してみよう。みんないつも深刻な病を抱えているため、ベッドからほとんど出られない。何事をするにも、ベッドサイドでしなければならない。しかも身体を引きずることに全エネルギーを費やさざるをえないため、いつもヘトヘトに疲れきっている。そんな人たちに、健康であることがどんなことか理解できるだろうか?

それがまさに、あなたの精神を作り上げているハートのエネルギーに起こっていることなのだ。

あなたの感受性は、苦しみの状況にあなたを刻一刻とさらしつづける。あなたは苦しみを避けるために環境を操作しようとするか、将来の苦しみについて思い悩む。このような状態が隅々まで行き渡っているので、魚に水が見えないように、あなたにはそれが見えない。

苦しみがふだんよりひどくなり、実際に日々のあなたの行動に影響を及ぼしはじめると、あなたは問題を抱えていることを認める。だが、実際には、ふだんの日常生活の間も精神に問題を抱えているのだ。

たとえば、ふだん健康なとき、あなたはあまり身体のことを考えない。身体のことを気にせず、歩いたり、ドライブしたり、仕事をしたり、遊んだりしている。身体について考えるのは、何らかの理由で体調を崩したときだけである。それとは対照的に、心理的な健康についてはいつも気にしている。「質問されたらどうしよう？　なんて言うべきだろう？　準備をしておかないと、うろたえるだろう」といったようなことを絶えず考えているのだ。絶えることのない不安な内的対話は苦悩の一つの形態である。

内的な過敏症は不健全な証

なぜわたしたちはいつも自分自身について考えなければならないのだろう？　なぜそんなにも考えることがあるのだろう？

自分はうまくやっているだろうか、他人は自分をどう思っているだろうといったことを、あなたがどれだけ頻繁に考えているかを観察してもらいたい。あなたがそんなふうに考えるのは、内的に不安を抱えており、絶えず自分自身をよく見せようとしているからにほかならない。

もし身体が長い間不調だったら、どうやって体調を整えるか絶えず考えるだろう。あなたが心理的な健康について頻繁に考える唯一の理由は、長い間、自分に自信がもてず、不安だったからなのだ。実際に人間のハートは壊れやすく、ちょっとしたことにも簡単に動揺させられてしまうからだ。

苦しみを終わらせるためには、まず、自分が不安を抱えていることに気づかなければならない。次に精神的に健全な状態というものがあることを認めなければならない。精神的な苦痛に耐えたり、心理的な防衛をしたりする必要がないことを悟るのは、心強いことである。あなたは自分が言ったことや、他人が自分をどう思っているかを絶えず考える必要はない。そのようなことを始終心配していたら、どんな人生を送ることになるだろう?

内的な過敏症は不健全な証《あかし》である。それは、身体が調子の悪いときに痛みその他の症状を示すのと同じである。痛みは悪いものではない。それは身体があなたに話しかける方法だ。食べ過ぎると、胃痛を起こすし、腕に強いストレスをかけすぎると、痛みはじめる。身体は痛みという普遍的言語を用いてコミュニケーションする。

一方、あなたの精神は恐れという普遍的言語を用いてコミュニケーションする。自意識、嫉妬、不安、心配、すべては恐れから派生する。動物は虐待されると、ビクビクするようになるが、あなたの精神が恐れるようになったのは、あなたが法外な責任を精神に負わせることで、虐待してきたからだ。一瞬、立ち止まって、自分のハートにさせてきたことを振り返ってみてもらいたい。あなたは自分にこう言ったのだ。

「わたしは誰からも好かれたい。誰からも陰口をたたかれたくない。自分の言うことやすることを全部すべての人に受け入れてもらい、喜んでもらいたい。誰からも傷つけられたくない。気に入らないことは何も起こってほしくない。気に入ることだけ起こってほしい」

外的な条件を変えても、問題は解決しない

　そのようなハートへの呼びかけがいかに大変なことか、あなたに想像できるだろうか？　ハートはあなたの言うことを実現するために働かなければならない。誰からも陰口をたたかれないようにするにはどうすればいいか、自分の言うことやすることを人々に受け入れてもらうにはどうすればいいかを四六時中考え、あなたに忠告しなければならない。だから、ハートはすこぶる忙しい。

　あなたはハートに不可能な仕事を押しつけたのだ。それは身体に大木を持ち上げることや一跳びで山に登ることを期待するのと同じである。あなたが身体にできないことをさせようとしつづければ、身体は調子を崩すだろう。精神と

て同じである。身体が壊れる兆候は痛みと弱々しさだが、精神が壊れる兆候は、恐れと絶え間ない神経症的な思考なのだ。

ある時点で、あなたは目を覚まし、内部に問題をもっていることを認めなければならない。ただじっと見つめていれば、ハートが絶えず何をすべきかをあなたに告げているのがわかるだろう。あっちではなくこっちに行け、あれではなくこれを言えと告げているのだ。何を着るべきで、何を着るべきではないかを告げているのだ。それは決してやむことがない。小学校のときも、中学校や高校のときもそうだったのではないだろうか？　ずっといつでもそうだったのではないだろうか？

絶えず自分のことを心配するこの行為は、苦しみの一形態である。どうすればそれを止められるだろう？

あなたのハートは、内的問題を解決するには、外部の何かを変えなければならないといつもあなたに告げている。だが、もしあなたが賢ければ、そうしたゲームには参加しないだろう。そして、ハートからの警告は心理的なダメージをもたらすものであることに気づくだろう。あなたのハートの思考は恐れによって邪魔されている。それは混乱したハートからの警告である。実際に、あなたのハートはあなたを誤って導いているのだ。

たとえば、ハートが、「昇進できればいいわ。そうすれば、自分のことをよく思えるでしょうし、自分の人生を取り戻せるわ」と言ったとしよう。だが、それは本当だろうか？　昇進すれば、本当に不安がなくなり、一生、経済的に満たされるだろうか？　もちろん、そんなことはない。つぎの問題が表面化するだけのことなのだ。

一旦、それがわかれば、ハートが重大な基本的問題を抱えていることにあなたは気づくだろう。ハートがしているのは、ものごとをより快適にする外的な状況を作り上げることである。しかし、外的な状況は内的問題の根本原因ではなく、問題を解決するための一要素にすぎない。

たとえば、あなたが不安を感じ、満たされない気持ちになったとしよう。あなたはその原因を充実した人間関係を築けないせいにするかもしれない。だが、実際にはそうではない。外的な条件を変えても、問題は解決しないというのが事実なのだ。なぜなら、問題の根本原因を取り除いてくれないからだ。

健全なハートのあり方

根本的な問題は、あなたが自らを不完全な存在だと感じていることにある。その感覚を隠蔽するために、あなたは人間関係や財務状況、名声、崇拝といったものを利用しようとする。たとえば、名声を追い求めたり、自分を崇拝してくれる人物を探したりすることで、欠如感を埋め合わせようとするのだ。だが、そうしたことは問題の根本的な解決にはならず、人間関係をこじらせるだけである。というのも、あなたは他人を巻き込むことで自分の中の問題を解決しようとするからだ。そのようにして成立する人間関係が波乱含みであることは、誰にでもわかるだろう。

では、健全なハートのあり方はどのように定義できるだろう？　健康な身体との比較を通して考えてみよう。健康な身体は、あなたが自分の仕事にかまけている間、するべきことを淡々とこなしている。あなたはそれについて考える必要はない。それと同じように、どうすれば大丈夫か、どうすれば恐れずにすむか、どうすれば愛されていると感じられるかといったことについて一切考えなくてもすむようになったとき、ハートの健全さが達成されるといっていい。

神経症的な私的思考に悩まされなくなったら、どんなに人生が楽しいか想像してほしい。あなたはものごとを楽しめるだろうし、特別なことのために人々を必要とするのではなく、あるがままに人々を知るようになるだろう。そして、自分の中の間違いを修正するために人生を利用するのではなく、自分の人生を生きられるようになるだろう。そのようなハートの状態をあなたは達成できるのだ。決して遅すぎるということはない。

あなたは恐れから完全に自由になることができる

あなたとハートとの関係は、依存に似ている。ハートは絶えずあなたに要求する。あなたはそれらの要求に応えるべく自分の人生を捧げてきた。もし自由になりたければ、それを他のすべての依存と同じように解決する方法を学ばなければならない。

たとえば、ドラッグ依存の人は、ドラッグの使用をやめて、禁断症状の時期を経て、二度とドラッグに手をださないようにしたらよい。簡単ではないが、できるのだ。同じことがハートへの依存にもあてはまる。

あなたはハートの果てしのない問題に耳を傾けるという愚かな行為に終止符を打ち、朝目覚めたら、その日何が起こるかを、心配ではなく期待に胸を膨らませることではじめればよいのだ。そうすればあなたの日常生活は、バカンスのときのように楽しいものになるだろう。あなたが最善を尽くさなくなるという意味ではない。最善を尽くすことを楽しむようになるのだ。そして、夜眠りにつくときに、すべてを手放す。あなたは緊張も心配もせずにただ自分の人生を生きる。人生を恐れたり、人生と戦ったりせずに、実際に人生を生きるのだ。

あなたは恐れから完全に自由になることができる。ただその方法を知らなければならない。喫煙を例にとってみよう。禁煙する方法を理解するのは難しくはない。キーワードは「stop（やめる）」ということだ。どんな方法を用いるかは実際には問題ではない。どんな口実ででもどんなやり方ででも、あなたはとにかく喫煙するのをやめなければならない。あなたが喫煙するのをやめるとは、タバコを口にくわえるのをやめることである。そうすれば、禁煙が成立する。

心理的な混乱から脱け出すために同じ手法を用いることができる。あなたのハートは全知でも全能でもない。天候その他の自然の力をコントロールすることはできないし、身辺をとりまく人や場所や物をコントロールできない。にもかかわらず、あなたは自分の内的問題を解決するために世界を操作するという不可能な仕事をハートに押しつけてきた。そのため、ハートは破綻をきたし、恐れや不安といった神経症的な症状を示すようになったのだ。

もし健全なハートの状態を取り戻したければ、無理な仕事をハートに強いるのをやめなければならない。すべての人やすべてのことがあなたの望みどおりになっているかどうかを確認する仕事からハートを解放するのだ。あなたのハートはそのような仕事には向いていない。即刻、首にして、あなたの内的な問題を手放してもらいたい。

鍵は黙ること

つまりあなたがしなければならないのは、ハートに過度の要求をしないことである。それが大事な点であり、すべての出発点である。あなたのハートは罪人ではない。実際、あなたのハートは無垢である。ハートはコンピュータであり、道具にすぎないのだ。ハートは偉大な思考を考え、科学的問題を解決し、人類に仕えるためにそれを利用することができる。だが、自分を失った状態にあるあなたは、個人的な内的問題を外的に解決する策をハートに講じさせようとした。あなたは心理分析を用いて自然な人生の展開から自分自身を守ろうとしているのだ。

自分のハートを見つめていると、ハートはあらゆるものごとをつつがなく進行させることに必死であることに気づくはずだ。その忙しい仕事からハートを解き放ってもらいたい。ハートが主張することに反対してはならない。ハートと戦ってはならない。あなたに決して勝ち目はないからである。たとえ一時的に勝利を収めたように思えたとしても、後にかならず仕返しを受けるだろう。ハートと戦わずに、ハートが主張するゲームに参加するのをやめるのだ。あなたの希望を叶えるためにはこれこれしかじかのことをしなければならないとハートが言い出したら、耳を塞《ふさ》いでもらいたい。

鍵は黙ることである。ハートを黙らせるのではなく、あなたが黙るのだ。神経症的なハートを見つめている内的存在であるあなたは、ただリラックスしてもらいたい。そうすれば、ハートから自然に置いていかれるだろう。

あなたは考えるハートではない。考えるハートを自覚している当人である。あなたはハートの背後にあって、さまざまな思考を自覚している意識である。ハートを救済者や保護者のように見立てて頼るのをやめたとたん、自分がハートの背後からハートを見つめているのを発見するだろう。それが自分のさまざまな思考について自覚する方法である。あなたは内部にいて思考を見つめている意識なのだ。やがて、あなたは静かに座ってハートを見つめられるようになるだろう。

日々の出来事を活用して自分自身を解放する

そうした状態に達すれば、ハートにまつわる問題は終わる。ハートの背後にしりぞけば、純粋な意識であるあなたは思考のプロセスに巻き込まれない。思考は、あなたが目撃しているハートの活動にすぎない。あなたはただ内部にいて、自分が自覚していることを自覚している。あなたは内に住む存在、すなわち意識なのだ。意識はあなたが考えなければならない何かではない。あなた即、意識なのだ。あなたは神経症的なハートを見つめ、巻き込まれずにいることができる。あなたがしなければならないのは、混乱したハートに差し込んでいたコンセントを抜くことだけである。ハートがせわしなく働くのは、あなたが注意のパワーをあたえているからにほかならない。注意を引っ込めれば、考えるハートは見捨てられる。

些細なことからはじめよう。たとえば、友人の誰かがあなたの気に入らないことを言うとしよう。いや、もっと腹立たしいことに、友人があなたを、まったく相手にしてくれないとしよう。あなたは通りを歩いていて、その友人に出会う。「こんにちは」とあなたは言うが、彼は何も言わずに通り過ぎる。あなたの声が聞こえなかったのか、それとも無視したのか、あなたにはわからない。ひょっとしたらあなたに怒っているのかもしれないし、あなたと話したくない特別な理由があったのかもしれない。あなたのハートは忙しく働きはじめる。だが、冷静に考えてもらいたい。この惑星には何十億という人々がいる。その中の一人があなたに「こんにちは」と言わなかった。それががまんできないとあなたは言うのだろうか？　そんなふうに思うのは果たして理にかなっているだろうか？

日々、起こるこのような些細《ささい》な出来事から、自分自身を解放してもらいたい。右の例で、ハートが忙しく働きはじめたら、それに巻き込まれないようにしてもらいたい。それは、何が起こっているかをハートが解明しようとして、堂々巡りするのをやめさせることではない。ハートがちょっとした出来事を生み出すのをただ見つめていればいいのだ。傷ついたハートがどんな解決策を提案するかを見つめるのだ。そもそもハートが活発に動き出したのは、誰かがあなたに「こんにちは」と言わなかったからなのだ。その事実だけを受け止めてもらいたい。そして、ハートが語ることをリラックスして見つめてもらいたい。そうすれば、ハートの中の騒音から離れられるだろう。

簡単な気づきの訓練法

ハートの働きを見つめることを通して、自由へと向かう旅をはじめてほしい。その場合、見つめることを自分に思い出させてくれるきっかけがあれば助けになる。そこで、自分の「意識の中心」を保つのを助けてくれる簡単な気づきの訓練法を紹介しよう。

車に乗って席についたら、一瞬、何もしないで、宇宙空間で自転する惑星の上に乗っている自分のことを思い出してもらいたい。それから、自分自身の内面の出来事に囚われないようにすることを自分に思い出させるのだ。別の言い方をすれば、マインド・ゲームに参加しないということである。車を降りる前にも、同じことをしてもらいたい。もしあなたが本気で「意識の中心」を保ちたいというなら、ドアを開ける前にもそれができるだろう。何も変えようとする必要はない。黙って内部に座り、自分が気づいていることに気づけばいいのだ。日々の生活の中で、自分の身体の状態や内面の動きに目を向けるきっかけとなる行動や出来事を決めておくといっそう便利かもしれない。

右に述べたような訓練を日々積んでいれば、最終的にあなたは一貫して「意識の中心」をもつようになるだろう。「意識の中心」はつねに自己の座である。その状態では、あなたは意識的であることを絶えず意識している。自覚がなくなることはまったくない。努力も一切なく、あなたは何もしない。ただ内部にいて、世界があなたの五感の前で展開していく間、思考や感情が生まれては消えていくのを自覚している。

最終的に、興奮であれ、感情の微妙な変化であれ、エネルギーの流れのあらゆる変化を冷静に見つめている自分にあなたは気づくだろう。かつて、あなたの足を引っ張っていた思考や感情が、今や、あなたを目覚めさせるきっかけになるのだ。だが、そのためにはまずあまり反応しすぎないよう、冷静にならなければならない。

自由への旅のある時点で、あなたは、すべては思考や感情の問題ではなく、ハートの問題であると気づくはずだ。思考や感情はハートの動きに従うのである。ハートは思考や感情が語りだす前に反応している。意識していれば、ハートの中の感情というエネルギーの変化を敏感に感じとることで、自分を解き放ってやることができるだろう。あなたがハート・レベルで自分を解き放てば、思考や感情が語りだすチャンスはない。

今や、あなたはいいところにいる。これまであなたを拘束していたものの中心でもあったハートが、あなたが自由になるのを助けてくれるのだ。あなたはハートの全エネルギーを自分を利するために使わなければならない。自由への旅は、あなたがハートのエネルギーを解き放つことで、前進できる。

ハートのエネルギーを解き放てば、あなたは自分を自由にできる。

日々の生活のど真ん中で、精神のいましめから自分自身を解き放つことで、あなたは実際に、魂を自由にする力を手に入れる。

この自由はとてつもなく大きなものなので、特別な名前で呼ばれてきた。

「心の解放」と。

7章◉いましめを解かれた魂

ハートの限界を超えたところにあるものを探る

成長がある程度進むと、ハートがより静かになりはじめる。これは、あなたが目撃者の意識をもつようになると、ごく自然に起こることである。ハートが鎮まると、それまで自分がいかに思考や感情や感覚に踊らされていたかがわかるようになる。すると、実際にはそうした状態をすべて乗りこえられるという考えが浮かんでくる。

目撃者の意識をもって自己の座に長く座っていればいるほど、自分は見つめているものから切り離されるようになるので、精神の呪縛から解放される方法があるにちがいないと気づくようになる。つまり、出口があることに気づくのだ。

完璧な自由へと至るこの内的突破は、伝統的に、「悟り（enlightenment）」という言葉で表現される。もっともこの言葉は過剰に用いられ、大体、誤解されている。問題は、わたしたちの悟りの見方が個人的な経験や、限られた概念的理解に基づいていることだ。大抵の人はこの領域での経験をしたことがないので、悟りの状態は真剣に受け止められることがないか、ほとんど誰にも接近できない究極的な神秘的状態とみなされる。ほとんどの人が悟りについて知っている唯一のことは、自分たちは悟っていないということだ。

だが、思考や感情や感覚が、ただ意識の前を通り過ぎていくだけだということを理解すれば、あなたの自覚がそれらの経験に限定される必要があるのかという疑問が湧くのは当然である。意識が個人的な思考や感情、限られた感覚に焦点を当てるのをやめるとどうなるだろう？　個人的な自己の束縛から解放され、自己を超えた領域を自由に探究できるようになるのだろうか？　そもそも意識はどのようにして個人的な自己に束縛されるようになるのだろう？

こうした疑問に答えようとすると、ハートの限界を超えたところに存在するものについて議論せざるをえなくなる。そうした議論を論理的に進めるのがきわめて難しいのは明らかである。

したがって、比喩を用いていましめを解かれた状態を探究することからはじめよう。紀元前三六〇年、プラトンはイデア論を説明するために「洞窟の比喩」（洞窟内に閉じ込められている人は、壁に映るその「影」を見て、それを実体だと思い込んでいる。同じように、わたしたちが現実に見ているものは、イデアの「影」にすぎないとプラトンは考えた……訳者注）を用いたが、わたしたちは魂のいましめを解くことの意味を探るために特別な家の比喩を用いることにする。

特別な家の比喩

いつも太陽が降り注ぐ、広々とした野原の中央に自分がいるところを想像してもらいたい。それは光に満ちあふれた解放感のある美しい場所だった。あまりに美しかったので、あなたはそこに住みたいと思った。

そこで土地を買い求め、広大な野原の真ん中に、夢の家を自分で設計して建てはじめた。長持ちする強固な家が欲しかったので、しっかりした基礎を作った。コンクリートのブロックで家を建てたため、朽《く》ちる心配や水漏れする心配はなかった。天候に左右されないよう、窓の数を少なくし、長いひさしのついた屋根を作った。

それでもまだ不安だったので、高品質の防護シャッターを取り付けた。日光や熱をはね返すだけではなく、セキュリティーのためにもなるシャッターである。

それは十分な生活必需品を蓄えられる大型の家だった。家を清潔に保っておきたかったので家政婦を雇い、離れを建てて住まわせた。その人物はとてももの静かで、あなたに一切干渉しなかった。あなたにとって孤独は貴重だった。ロマンチックなあなたは電話、ラジオ、テレビ、インターネットを一切使わない生活を目指していたからだ。


その家は「あなた」を表現していた。というより「あなた」そのものだった。次第にあなたは家の中で安全に暮らすことに慣れていった。ずっとあこがれていた本を読んだり、物を書いたりしながら、楽しく暮らした。家の中は非常に快適だった。気温や湿度の管理が完璧に行なわれていた上、あなたは現代的な照明システムを導入する賢さを備えていたからだ。

皮肉にも、家がとても快適で楽しく安全だとわかったために、あなたは外のことを考えることを一切やめてしまった。結局、家の中は馴染みがあって注意の及ぶ範囲にあり、あなたのコントロール下にあったのだ。それに対して、外は未知で何があるかわからず、完璧にあなたのコントロール外にあった。シャッターとブラインドを閉めて鍵をかけると、内的な聖域という感覚が強まり、ますます外に行くリスクを犯すことを考えないようになった。

シャッターとブラインドはきわめてしっかりしたものだったので、照明を消すと、昼夜を問わず、室内は完全に真っ暗になる。

だが、あなたは照明をつけっ放しにしていたので、照明が切れるまで、そのことに気づかなかった。切れたときになってはじめて、窮地に陥ったことに気づいた。電気工事をした人たちが新しいシステムに使える替えの電球を残していってくれなかったのだ。

ということは、一旦、最後の照明が切れたら、完全な暗闇の中を手探りで歩き回らなければならないことを意味した。

人生における真のターニング・ポイント

あなたがなんとか確保できた唯一の光源は、緊急時のために大切に保管しておいた数本のろうそくだった。なにしろ数が少ないので、細々としか使えなかった。あなたは光を愛する人間なので、とてもつらかった。でも、この安全な家を去るのは怖かった。最終的に、暗がりで暮らすストレスが肉体的にも精神的にも健康に害を及ぼした。時が経つにつれ、光に満ちあふれた美しい野原の記憶そのものが薄れていき、二度と戻らなくなった。

貴重なろうそくの薄明かりしかない家の中は冷え冷えとしていた。あなたはあらゆるものから隔絶された。

唯一の慰めは、家によって守られているという感覚だった。あなたはもはや自分が何をそんなに恐れているのか正確にはわからなかった。ただいつもビクビクし、不快であることには気づいていた。自分を保つのが精一杯だった。明かりが不足しているため、読書や文章を書くことさえやめてしまった。

そんなある日、家政婦に呼ばれて、貯蔵用地下室に降りていった。あなたはびっくりした。手で振るだけで充電できる非常用の懐中電灯が大量に発見されたのだ。

家政婦がすでに何本かを設置していたので、地下室内は煌々《こうこう》と明るかった。これはあなたの人生における真のターニング・ポイントだった。

あなたは家の中で光と美と幸福を生み出すことに着手した。各部屋を飾り立て、眠るまで明かりを煌々と灯しつづけた。読書や文章を書くことも再開し、同居人があなたの書くものを読むのが好きだということもわかった。

実のところ、室内を照らしたのはただの人工的な明かりだけではなかった。二人のハートの中に愛の火が燃えはじめた。別々ではなく二人で協力して生み出すことができる明かりを想像してもらいたい。あなたはすべての時間を二人で過ごすようになり、結婚式さえ計画した。お互いに気づかい、家庭に愛と光をもたらすことを誓うのは楽しいことだった。

それまで暮らしていた暗闇に比べれば、それは天国だった。

「外部」に存在する自然に輝く光

ある日、あなたは本棚に一冊の本を見つけた。興味に駆られたのは、「外部」に存在する自然に輝く光についてそれが語っていたからだ。その光を浴びることについても語っていた。

だが、自然に輝く光のことなど想像できなかった。あなたは混乱した。結局、その本が語っていることを確かめる手がかりはなかった。なぜなら、あなたは家の中での暮らし以外のことをすべて忘れてしまっていたからだ。あなたが知っている唯一の光はろうそくや懐中電灯によって生み出される人工的なものだった。暗がりの室内で暮らすあなたが経験できる光は、家の中で生み出すことができるものに限られていた。あまりに長い間、あなたは室内で暮らしていたので、あなたのすべての希望、夢、哲学、信念は暗がりの家の中で暮らすことに基づいて立てられていた。家の中があなたの全宇宙だったのだ。

本棚で見つけた不思議なことが書かれている本をさらに読み進めると、自然な光の中で実際に歩き回るのがどんな感じかが語られていた。それは同時にあらゆるところで輝く自己発光の光について述べているようだった。万物にあまねく平等に注ぐ光である。

あなたはそれを理解するための経験的な基盤をすっかり忘れ去っていたが、それはあなたの内面の奥深くにあるものに触れた。

その本は外に行くこと、つまり、自分自身で生み出した世界の壁を越えることについて論じていた。実際にこう書かれていた。

「安心できるということで自分が建てた家の中に閉じこもってばかりいると、あなたの家の境界を超えたところにある自然な光の豊かさが決してわからないだろう」

あなたの家を作っているもの

家の中の人生の比喩はわたしたちの苦境にピッタリである。

わたしたちの意識は人工的に封印され、孤立した内奥の領域に潜んでいる。そこは四つの壁と床と屋根で仕切られたエリアで、隙間がないので、自然光がまったく入ってこない。そこで得られる唯一の光は、わたしたちが自分でどうにか生み出したものだけである。そこの状況は自分で改善するしかないので、わたしたちは毎日、飾り立てることに忙しいのだ。いろいろな物を持ち込んで、少しでもそこを明るくしようとするのだ。

視覚的に想像してみよう。

あなたは自然の光から完全に遮断された家の中にいる。家は輝かしい光に満ちあふれた広々とした野原の真ん中に建っている。

ところで、あなたの家は何でできているだろう？　実はあなたの過去の経験や思考や感情でできているのだ。あなたの家の正体は、あなたが自分自身の周りに寄せ集めてきた概念、見方、意見、信念、希望、夢から成っているのだ。あなたはそれらを前後左右上下、あらゆるところに置いている。あなたは思考と感情の特別な組み合わせを作り上げ、それらを自分の住む概念的な世界へと織り込んできた。

この精神的な構造物は自然な光があなたに届くのを完全に遮断する。あなたは分厚い思考の壁をもっているのだ。構造物の内部には、暗闇しか存在しない。あなたは自分の思考や感情に注意を払うことに没頭しているので、それらが生み出す境界を超えることがないのだ。

壁を通り抜ける

あなたを閉じ込めている壁は光を遮《さえぎ》る障害である。もし壁を見て、それが闇から自分を守ってくれていると思えば、あなたは壁を放っておくだろう。だが、その壁が光を遮っていることがわかれば、壁を取り払いたくなるだろう。無限の光に到達するには、もっとも暗い夜をくぐり抜けなければならないとよくいわれる。というのも、わたしたちが暗闇と呼んでいるものは実際には光を遮断する壁だからだ。

とすれば、あなたはこれらの壁を通り抜けなければならない。

壁を通り抜けるのは実際に難しくはない。自然な光の流れは毎日、何度もわたしたちの壁と衝突し、壊そうとする。ところがわたしたちはそうはさせまいと妨害する。自分自身を防衛するとき、実は自分の壁を防衛していることに気づかなければならない。壁の内部にはほかに守るべきものなど何もない。存在しているという自覚と、あなたが住むために建てた家があるだけだ。

あなたが守っているのは、自分自身を守るために建てた家である。あなたはその中に隠れている。あなたの精神の壁を脅かすことが起こると、あなたはきわめて防衛的になる。あなたは自己概念を打ちたて、その内部にたてこもった。今、あなたはもてるものすべてでその家を守っている。

だが、その内的な家を生み出しているのは、あなたの思考の壁以外の何ものでもない。

たとえば、「わたしは小学校五年生のとき、『オズの魔法使い』のドロシー役を演じました」とか、「わたしは四二歳の女性です。ラトガース大学へ行き、そこでフランク・スミスと出会い、結婚しました」とあなたが言うとき、その状況は、あなたがしがみついている思考の形として存在するだけで、現実には存在していない。それはあなたの過去の状況であり、もはや存在していない。

だが、あなたの中には思考の形で存在し、あなたを閉じ込める壁を形づくっているのだ。

思考の家を出て無限の世界に踏み出していく能力

もし誰かがあなたの自己イメージを否定し、小さな穴を開けたらどうなるだろう？　あるいは、あなたの精神の土台になっている思考の一つを揺るがしたらどうなるだろう？

あなたが二〇歳になったとき、「ちょっと待て。かれらは君の両親じゃない。君は養子なんだ。聞いていないのかい？」と誰かに告げられたとしよう。あなたは愕然《がくぜん》とし、証拠書類を見せられるまで、頑《かたく》なにそれを否定するだろう。当然のことと思っていたことが覆《くつがえ》されたことで、構造が崩れはじめるのだ。

そんなとき、あなたはとてつもない恐怖と混乱に襲われる可能性がある。あなたが住んでいる思考の家が脅かされ、あなたの存在が根幹から揺るがされるからだ。

するとあなたは動揺を鎮めるために、事態を正当化しはじめる。「かれらはとても良い人たちだ。たとえ本当の両親でなくても、どうだというのだろう？僕のような人間を養子に迎え、自分たちの子どものように育ててくれたのだ。感謝しなくちゃ」と自分に言い聞かせるのだ。こうしてあなたは壁に開けられた穴を上手に修復する。それがいつもわたしたちがやっていることである。

あなたが壁の割れ目を思考で修復したことに注意してもらいたい。思考ででてきた壁を思考で修復したのだ。それがわたしたちのしていることだ。

太陽が降り注ぐ野原の真ん中に建つ暗い家に閉じこもり、いくばくかの光を生み出そうとする人間のように、わたしたちは内的な壁の内側に、暗闇よりましな世界を作ろうとする。自分の壁を過去の記憶や未来の夢で飾り立てるのだ。だが、家に閉じこもった人々が、自分自身でこしらえた人工的な世界から自然な光の美しさの中に踏み出していく潜在能力をもっていたように、あなたは思考の家を出て無限の世界に踏み出していく能力をもっている。

あなたの意識は、あなたが住む限られた空間ではなく、広大な空間を包含《ほうがん》できるだけの広がりをもちうるのだ。広大な世界に踏み出して、自分が建てた小さな家を振り返ってみたとき、あなたは自分がなぜそこにいたのか不思議に思うだろう。

解き放たれた意識

これがあなたの脱出の旅である。真の自由はすぐ近くにある。あなたの壁の向こう側にあるのだ。

悟りはきわめて特別なことだ。だが、実のところ、悟りに集中すべきではない。代わりに、光を妨げているあなたの作った壁に集中してもらいたい。あなたは光を遮る壁を打ちたてておきながら、どんな目的で悟りを渇望するのだろう?

自分の周りに張り巡らしている防壁を倒すのはそれほど難しいことではない。壁を維持し、防御することに参加しなければいいのだ。

あなたの思考の家が、無数の星からくる光の海の真ん中に建っているところを想像してもらいたい。あなたの意識がその家の暗闇に囚われ、あなたの限られた経験に基づく人工的な光にすがろうとしているところを想像してもらいたい。

ついで、家の壁が崩れ落ち、解き放たれた意識が、今、存在するものや、つねに存在していたものの輝きの中に広がっていくところを想像してもらいたい。そして、その経験に一つの名称をあたえてもらいたい。

これが「悟り」なのだ、と。

パート4

人生を楽しむ

8章◉無条件の幸せの道

人生の選択はたった一つである

最高の霊的な道は人生そのものだ。日々、人生をどう生きればいいかがわかれば、そのすべてが自分を解放する経験になる。だが、まず正しく人生にアプローチしなければならない。さもないと、混乱する可能性がある。

第一に、人生の選択はたった一つである。それは仕事でもないし、誰と結婚するかでもない。神を探求するかどうかでもない。人々は多くの選択に取り囲まれていると思っているが、最終的にあなたの人生の色合いを決定する根本的な決断がある。

「幸せになりたいか、それとも、なりたくないか」という決断である。

一旦、その選択をすると、人生の道が鮮明になる。

大抵の人はそうした選択をしない。そのような選択を自分ができると思っていないからだ。一部の人は言う。「もちろん幸福になりたいよ。だけど、妻が出ていったんだ」。換言すれば、幸福になりたいが、妻に去られたから、幸福にはなれないということだ。

だが、わたしの問いはそうではなかった。「あなたは幸せになりたいだろうか、それとも、なりたくないだろうか?」というシンプルなものだった。自分で妨害しなければ、それは決してできない選択ではない。

あなたが道に迷ったとしよう。何日も食べ物を食べずにうろつき、やっと一軒の家を見つける。玄関の踏み段をかろうじて上がり、ドアをノックする。誰かがドアを開け、あなたを見て言う。「まあ、なんてことなの! かわいそうに! 食べ物が欲しい? 何がいいかしら?」。実際問題、あなたは何でもかまわないのだ。好き嫌いなどどうでもよく、とにかく何かを口にしたい一心で、「何か食べ物を」とだけ告げるだろう。

同じことが幸福についての問いにもあてはまる。それは、「あなたは幸せになりたいだろうか?」というシンプルなものだ。答えが本当にイエスなら、条件をつけずにイエスと言ってもらいたい。

結局、その問いが実際に意味しているのは、「この先、残りの人生ずっと何が起ころうと幸せでいたいだろうか?」ということなのだ。

無条件の幸福

たとえあなたがイエスと言ったとしても、妻が出ていく、夫が死ぬ、株価が暴落する、車がハイウェイで故障する——といったことが起こるかもしれない。だが、もしあなたが最高の霊的な道を歩みたければ、その単純な質問に本心からイエスと答えなければならない。それに関してif（もし）も、and（それに）も、but（だけど）もない。

それは幸福があなたのコントロール下にあるかどうかの質問ではない。いうまでもなく幸福はあなたのコントロール下にある。問題は、幸福でいつづけたいと言うときに、あなたは本心から言っているかどうかなのだ。

あなたは幸福に条件をつけたがっている。こんなことが起こらない限り、あんなことが起こらない限り、幸福でいられるだろうと言いたいのだ。自分がコントロールできないように思えるのはそのためだ。だが、あなたが自分の望みどおりになるようにと、幸福に条件をつければ、必ずあなたの幸福は制限される。

答えは無条件でなければならない。今後の残りの人生、幸せになろうと決心すれば、幸せになるだけではなく、元気づけられるだろう。無条件な幸福は人生を楽しく生きるための最高のテクニックである。

サンスクリット語を学ぶ必要もないし、いかなる聖典を読む必要もない。世界との関係を絶つ必要もない。

幸せになることを選ぶと言うときに、心の底からそれを言えばいいのだ。何が起ころうと、本心から言うのだ。

それが本物の霊的な道であり、もっとも直接的で確かな覚醒への道なのだ。

人生の目的は経験を楽しみ、それから学ぶこと

無条件に幸せになりたいと心に決めると、必然的にあなたを挑発するようなことが起こる。これは一つの試練で、まさに霊的な成長を刺激するものである。これを最高位の道にするのは無条件のあなたの決意である。単純なことだ。あ

なたはただ自分のいましめを解くかどうかを決めればいいのだ。

すべてがうまくいっていれば、幸せになるのは容易である。困難なことが起こると、それほど容易ではない。あなたはこんなふうに言いたがる。「だけど、こんなことが起こるなんて知らなかったの」「飛行機に乗り遅れるなんて思わなかったわ」「サリーがわたしと同じ服を着てパーティーに現われるなんて思ってもみなかったわ」「買って一時間もしない新車を誰かがへこませるなんて思わなかった」。思いがけない出来事が起こったという理由で、あなたは本当に幸せを放棄してもいいのだろうか？

あなたが予想だにしなかった無数の出来事が起こりうる。問題はそれらが起こるかどうかではない。いろいろなことが起こるだろう。問題は、何が起こっても幸せでいたいかどうかである。あなたの人生の目的は経験を楽しみ、それらから学ぶことである。

あなたは苦しむために地球に生まれたのではない。あなたが惨めになっても、誰の助けにもならない。あなたがどんな哲学的信念を抱いていようが、この世に誕生し、死んでいくという事実に変わりはない。その間、人生を楽しみたいかどうかを選ぶのはあなただ。

出来事はあなたが幸福になるかどうかを決定しない。出来事はあくまでも出来事である。幸せになるかどうかはあなたが決めるのだ。あなたはただ生きているだけで幸せになれる。ものごとのあるがままに生き、幸せに死んでいくことができるのだ。そのような生き方ができれば、ハートが開き、スピリットが自由になるので、あなたは天へと舞い上がるだろう。

この道は絶対的な超越にあなたを導く。なぜなら幸せへの決意に条件をつけ加えるあなたの部分が消え去るからだ。幸せになりたければ、余分な出来事を生み出したがる部分を手放さなければならない。それは、幸せでないのには理由があると考える部分である。あなたは個人の条件の枠を超えなければならない。超えれば、自然に自分の存在のもっとも高い側面に目覚めるだろう。

悩んでも、世界は変わらない

結局、人生の経験を楽しむことが唯一理にかなったことである。あなたはまったく何もない空間で自転する惑星の上にいる。どうか現実を見てもらいたい。あなたは永遠につづく宇宙の空っぽの空間の中に浮いているのだ。もしあなたがここにいなければならないなら、少なくとも幸せで、経験を楽しんでもらいたい。いずれにしろあなたは死ぬだろうし、いずれにしろいろいろなことが起こるだろう。なぜあなたは幸せであってはならないのだろう？　人生の出来事に悩んでも、何も得られない。それで世界が変わるわけではない。あなたはただ苦しむだけである。あなたを悩ませる可能性があるものは決してなくならないだろう。

人生を楽しむという選択はあなたをスピリチュアルな旅へと導くだろう。実際、そのような旅自体がスピリチュアルな教師といえる。

無条件の幸せを決断すれば、あなた自身や他人について、また人生の性質について学ぶべきことをすべて学べるだろう。自分のハートや意志についても学ぶだろう。

だが、残りの人生で幸せになりたいと言うときには、本心から言わなければならない。あなたの一部が不幸せになりそうだったら、その部分を手放すことで対処してもらいたい。そして、アファメーション（肯定的暗示）を用いるか、自分を開いたままにしておくために必要なことをしてもらいたい。

もしあなたが本気になれば、何ものも止めることはできない。何が起ころうと、あなたは人生を楽しむ選択をすることができる。飢えさせられたり、独房に監禁されたりしたら、ガンジーのようなあり方を楽しんでもらいたい。何が起ころうと、人生を楽しむのだ。

難しいように聞こえるかもしれないが、楽しまないことでどんな利益があるだろう？　あなたが完全に無実なのに刑務所に収監されたら、楽しんだほうがいい。楽しまなくても、何も変わらない。結局、楽しんでいれば、勝ちなのだ。何があってもそれをあなたの遊びにしてしまって、幸せでいてもらいたい。

何があっても幸せでいる鍵

幸せでいる鍵は実際にとてもシンプルである。

まず、あなたの内的エネルギーを理解することからはじめてもらいたい。内面を見ていれば、あなたが幸せなとき、ハートが開き、エネルギーが内部に湧き上がるのがわかるだろう。幸せでないときには、ハートが閉じているように感じ、エネルギーが湧いてこないだろう。だから幸せでいたければ、ハートを閉じてはならない。何が起ころうと、たとえ妻が去り、夫が死んでも、ハートを閉じてはならない。

ハートを閉じなければならないというルールはない。何が起ころうと、自分はハートを閉じないと自らに言い聞かせてもらいたい。実際にそのような選択をするのだ。ハートを閉ざしそうになったら、本当に幸せを放棄したいのかと自問してもらいたい。あなたの中にあって、ハートを閉ざすことでなんらかの利益があると信じているものは何かを検討すべきである。些細なことが起こっただけで、あなたは幸せを放棄しがちである。

たとえば、仕事に行く途中、事故によって通行止めになっていたために遠回りを余儀なくされ、出社時間に遅刻してしまう。そのことで一日中動揺を引きずってしまう。なぜそうなるか、自分に問いかけてもらいたい。動揺していて、何かいいことがあっただろうか？　不慮の出来事に出会ったら、その現実を受け入れ、ハートを開いたままでいればいいのだ。本気でそう望めば、できるはずだ。

こうした無条件の幸せの道をとると、ヨガのさまざまな段階をすべて通過できる。

あなたは「意識の中心」を保ち、何事にも全身全霊で関わらなければならない。人生にハートを開き、受容的でありつづけることに専念しなければならないのだ。

自分を開いておくということは、偉大な聖者や達人が教えたことである。神は喜びであり、神はエクスタシーであり、神は愛であるとかれらは教えた。開いたままでいれば、持ち上げてくれるエネルギーの波があなたのハートを満たすだろう。

霊的な修練はそれ自体が目的ではない。あなたがハートを開いたままでいられるようになることを目指すものだ。いつでもハートを開いていることを学べば、偉大なことがあなたの身に起こるだろう。ただハートを閉ざさないことを学ぶだけでいいのだ。

とにかく人生いろいろなことが起こり、あなたはしばしばハートを閉ざしたくなるだろう。だが、ハートを閉ざすか閉ざさないかの最終的な決定権はあなたがもっている。あなたの頭の中の声は、これこれのことが起こったら、ハートを開いたままにしておくのは適当ではないと言い出すかもしれない。けれども残りの人生は限られている。本当に適切ではないのは、人生を楽しまないことだ。

瞑想は「意識の中心」を強化する

瞑想は「意識の中心」を強化するので、ハートを開いたままでいることを習慣づけるのに役立つだろう。とにかく、ハートが緊張しはじめたら、リラックスするよう心がけてもらいたい。いつも周囲に対して輝いている必要はないが、内部で楽しむのだ。

無条件の幸せのテクニックは理想的なものであり、霊性の発達を促し、あらゆる問題を解決に導く。実際に無条件の幸せを決意し、何事にも執着しないことを実践していれば、あなたのハートは浄化されるだろう。そうなれば、内面の出来事に巻き込まれることがなくなる。

また、たとえシャクティ（スピリット）について何も知らなくても、あなたのシャクティは目覚めるだろう。シャクティが目覚めれば、それまで感じたことのないような幸せを感じるようになるだろう。

この道は日常生活と霊的生活の問題を両方解決する。人が神に与えることができる最大の贈り物は、神の創造を楽しむことである。

神はエクスタシーに浸っている

神は幸せな人間の周囲にいるのを好むだろうか、それとも、惨めな人間の周囲にいるのを好むだろうか？　答えは簡単である。自分を神だと想定して考えてみてもらいたい。あなたは自分自身で遊び、経験できるよう天と地を作った。今、自分で創造した人間がどうしているかを調べるために地上に降り立った。最初に出会った人間に神はこう尋ねる。

「どうしてるんだい？」

「どうしているって、どういうこと？」と人間が言う。

「ここが好きかい？」

「いや、好きじゃない」

「どうして？　何が悪いんだ？」

「あの木は五箇所で曲がっている。真っ直ぐになってもらいたい。ここの人間はほかの誰かと出かけた。あの人間は一〇〇ドルもの電話の請求書を溜め込んだ。この人間はわたしより素晴らしい車をもっている。あの人物はおかしな服装をしている。ひどい。それに、わたしの鼻は大きすぎるし、わたしの耳は小さすぎる。わたしのつま先は変だ。そんなこんなでわたしは幸せではない。そのいずれもが好きじゃないんだ」

「じゃあ、動物はどうだい？」と神。

「動物？　アリや蚊は人を刺す。ひどいもんだ。夜間、外出できない。いろいろな動物がうろつき回っているからだ。かれらは吼え、あたりかまわず糞をする。それがわたしは嫌でたまらない」

神がこうしたことを聞くのを好むと思うだろうか？　神は言うだろう。「あなたはなにを考えているんですか？　わたしが不平を聞く担当部署だとも思っているのですか？」。それから神はほかの人物をつかまえ、ふたたび尋ねる。

「どうしていますか？」
「わたしは喜びに満ちあふれています」とその人物は言う。
「そうですか。どのようにすればそうなれますか？」と神が聞く。
「美しいんです。見るものすべてがわたしの中に喜びの波を生み出します。あの曲がった木を見ると、わたしは感動に打ち震えます。アリがわたしを嚙みます。あんな小さなアリがわたしのような巨人を嚙むなんて驚きです！」

神は最初の人物と二番目の人物、どちらと一緒に過ごしたがるだろう？　ヨガの伝えにおいて、神の古代の名前の一つはサッチタナンダ――永遠の意識的な至福――である。神はエクスタシーであり、歓喜の高みにいる。神に近づきたければ、楽しむことを学んでもらいたい。何が起ころうとも、あなたが「意識の中心」を保ち、幸せなままでいれば、神を見出すだろう。

何事にも執着しない生き方を心がけていれば、そのうちにきっとあなたは自分を超えたものに直面するだろう。一時的な限りあるものと戯れることをやめるのだ。そうすれば、あなたは永遠の無限に向かって開かれる。そのとき、「幸福」という言葉であなたの状態を言い表すことはできない。エクスタシー、至福、解放、解脱、自由――そういう言葉が入り込んでくるのはそこだ。喜びが圧倒的になり、あなたは至福に満たされる。

それこそが美しい道である。どうか幸せになってもらいたい。

9章◉非抵抗の道

意志の力

霊的な努力はストレス、問題、恐れ、内面の出来事に一喜一憂することなしで生きるのを学ぶことに向けられるべきである。霊的に進化するために人生を活用するこの道は、真の意味で最高の道だ。実際のところあなたが緊張や問題を抱える理由はまったくない。

ストレスが発生するのは、人生の出来事に抵抗するときだけである。自分の身に降りかかることを払いのけたり、自分に都合のよいものごとを無理に引き寄せたりしなければ、なんら抵抗を生むことはない。あなたは今、ここに存在し、刻々と起こっている人生の出来事を目撃し、経験するだけ。そのような生き方を選べば、平安な状態で生きられる。

人生は時間と空間を流動する原子の驚くべき力によって成り立っている。人生はつぎつぎに生起する永遠の出来事のつらなりの一つにすぎないのだ。この人生の驚くべき力に抵抗すると、あなたの中に緊張がつぎつぎに生まれ、身体やハートに入り込む。

日常生活の中で、わたしたちがストレスを溜め込んだり、出来事に抵抗したりすることはよくある。そうした傾向を理解したければ、わたしたちが人生をなりゆきに任せることになぜそれほど抵抗するのかを検討しなければならない。

わたしたちの中にあって、人生の現実に抵抗するのは何の力によるのだろう？　注意深く内面を観察してみれば、それがあなたの内的存在である自己のパワーであることがわかるだろう。

自己のパワーは身体的、知性的、感情的領域に向けられ、集中すると、力を生み出す。その力をわたしたちは「意志」と呼ぶ。意志は、あなたがものごとを起こそうとしたり、起こすまいとしたりするときに用いるものだ。あなたは無力ではない。ものごとに影響を及ぼすパワーをもっているのだ。

意志はあなたという存在から発している真の力であり、あなたの腕や脚を動かす。手足はひとりでに無作為には動かない。あなたが意志を用いて動かそうとするから動くのだ。何らかの思考に集中したいとき、あなたは同じ意志を用いて、それらの思考にしがみつく。

わたしたちの意志の用い方

わたしたちの意志の用い方は驚くべきものだ。人生の流れに逆らって意志を用いることさえあるのだ。気に入らないことが何か起こると、わたしたちはそれに抵抗する。だが、すでに起こったことに抵抗して何の益があるだろう?たとえば、親友が遠くに引っ越したことがあなたの気に入らないとしよう。だが、そのことに抵抗したとしても、かれらが実際に引っ越してしまったという事実は変わらない。それは現実の状況に何の変化も及ぼさない。

わたしたちが抵抗するのは実際の状況に対してだけではない。誰かがわたしたちの気に入らないことを言うとしよう。わたしたちがそれに抵抗しても、言われたことをなかったことにすることはできない。実際にわたしたちが抵抗しているのは、出来事がわたしたちの中を通過していくことに対してである。ハートを揺り動かされたくないのだ。だから、出来事が残すであろう精神的、感情的印象を意志の力を使って押しとどめようとするのだ。

そもそも出来事は感覚的な観察で終わるわけではない。感覚を通してわたしたちの中に入ってくる出来事はエネルギーとなって精神を通過する。それはわたしたちが毎日経験していることである。

感覚入力は精神的、感情的なエネルギー溜まりに触れ、エネルギーに動きを生じさせる。これらの動きは、物理的衝撃が水面にさざ波を引き起こして伝播《でんぱ》するように、わたしたちの精神を通過する。

あなたは実際にこうしたエネルギーの動きに抵抗する能力をもっているのだ。意志力の行使はエネルギーの伝播をとめる可能性がある。それが緊張を生み出すのである。あなたはたった一つの出来事、たった一つの思考ないし感情との葛藤《かっとう》で、エネルギーを使い果たしたと感じることがありうる。そのことはあなたもご存じだろう。

「燃え尽きる」ことの意味

こうした抵抗が途方もないエネルギーの浪費であることにあなたは最終的に

気づくだろう。普通、あなたは次の二つのいずれかに抵抗するために意志を用いる。一つは「すでに起こったこと」、もう一つは「まだ起こらないこと」である。

あなたは内部に座って、過去の印象や未来についての考えに抵抗する。すでに起こったことに抵抗することで、どれだけのエネルギーを費やしているか考えてほしい。出来事はすでに起こってしまっているので、あなたは実際には出来事とではなく、自分自身と戦っているのだ。

加えて、起こるかもしれないことに抵抗することで、どれだけのエネルギーを費やしているか考えてもらいたい。あなたが起こるかもしれないと思っていることの大半は実際には起こらない。それゆえ、あなたはただエネルギーを投げ捨てているのだ。

エネルギーの流れにどう対処するかは、あなたの人生を大きく左右する。すでに起こった出来事のエネルギーに逆らって意志を用いるのは、静かな湖面に落ちた葉っぱによって引き起こされたさざ波を止めようとするようなものである。

あなたがする抵抗はすべて、さらなる障害を生み出す。抵抗すると、エネルギーは行き場をなくし、あなたの精神の中につかえ、深刻な影響を及ぼす。あなたのハートのエネルギーの流れを遮り、活力を失った気持ちにさせるのだ。何かがあなたのハートに重くのしかかっているときや、ものごとがあなたにとって重すぎるとき、あなたのハートに起こっているのがまさにそのことである。

それはいうまでもなく不健全な状態である。鬱積した過去のエネルギーが、今ここで起こっている出来事の体験があなたを通過していくのを妨げるからだ。そうやってエネルギーが鬱積しつづけると、人はいつか怒りを爆発させるか、完全に引きこもってしまう。それが「ストレスに疲れる」とか「燃え尽きる」意味である。

人がストレスを溜めなければならない理由はない。エネルギーを鬱積させずに、日々、一瞬一瞬があなたの中を通過していくのを許せば、ストレスのない休暇のときのように新鮮な気分でいられる。

問題やストレスを生み出しているのは人生の出来事ではない。出来事に対するあなたの抵抗である。問題は、あなたの中を通り過ぎる人生の現実に抵抗するために意志を使うことによって生み出されているので、解決策は簡単である。抵抗するのをやめればいいのだ。何かに抵抗するつもりなら、少なくとも抵抗するための合理的な理由が必要である。そうでないと、貴重なエネルギーを無駄にすることになるだろう。

抵抗のプロセス

抵抗のプロセスをもっと詳しく検討してみよう。

抵抗するためには、まず、何か気に入らないことがなければならない。たくさんの出来事があなたの中を通り過ぎていく中で、あなたはなぜ特定の出来事に抵抗しようと思うのだろう？　あなたの中にこれは通過させてもいいが、これは通過させてはならないという判断基準があるにちがいない。

あなたをまったく悩ませない無数の出来事がある。あなたは毎日、仕事に車で通っており、建物や樹木にほとんど気づかない。路上の白線はまったくあなたを疲れさせない。視界には入るが、なんなくあなたの中を通り過ぎていく。けれども、誰にとってもそうだと思わないでもらいたい。それらの白線が均等でなかったら、生計のために白線を描いている人はストレスを感じるかもしれない。実際のところ、ストレスを感じるあまり、その道をドライブするのを拒否することもありえよう。

当然のことだが、わたしたち全員が同じことに抵抗したり、同じ問題をもっていたりするとは限らない。というのも、わたしたちはものごとがこうあるべきだということや、それらがどの程度自分にとって重要かということに関し、みな同じ先入観を抱いているとは限らないからだ。

ストレスを理解したかったら、ものごとがどうあるべきかについて、自分が独自の先入観をもっていることを理解することからはじめてもらいたい。あなたはどこでそうした先入観をもつようになったのだろう？

たとえば、ツツジが咲いているのを見ると、イライラし疲れるとしよう。ほとんどの人はそんなことはない。なぜツツジはあなたをそれほど悩ませるのだろう？　あなたが知る必要があるのは、かつて自分にツツジが好きだったガールフレンドがいて、そのツツジが満開のときに彼女と別れたということだけである。今でもあなたはツツジが咲いているのを見るたび、ハートを閉ざす。動揺させられるので、ツツジに近づきたいとさえ思わない。

わたしたちの人生で起こるこうした私的な出来事は、わたしたちのハートにさまざまな印象を残す。それらの印象がわたしたちの抵抗の原因となる。それは子ども時代に起こった出来事かもしれないし、他の時期に起こったものかもしれない。いつ起こったにせよ、あなたはそうした過去の印象に基づいて、現在、起こっている出来事に抵抗しているのだ。抵抗すると、内的な緊張、動揺、葛藤、苦悩が生み出される。あなたはそれを現実と勘違いするが、そのプロセスはあなたの人生を破壊するだけで、現実的な意味を一切もたない。

明晰に行動する

これらの出来事が生み出す印象やストレスを手放すためには、かなり意識的にならなければならない。そのためには、抵抗するように告げる内なる声に注意深く耳を傾ける必要がある。

「彼が言ったことが気に入らない。なんとかしろ」とその声は命令する。それを鵜呑みにしてはならない。鵜呑みにすれば、霊的な道が妨げられる。過去にせき止められたエネルギーに対処することに追われ、刻一刻と展開する現在に対処できなくなるからだ。そのとき、あなたは明晰な自己の場から行動するのではなく、内的な抵抗や緊張の場から行動することになる。

明晰な自己の場から行動するには、受容的な態度をもって事にあたらなければならない。受容とは、出来事が抵抗なくあなたの中を通り抜けられることを意味する。出来事が抵抗なく自分の中を通り抜けていけば、過去のエネルギーに踊らされることなく、現実に起こっていることに向き合うことができる。

そのうちに、日々の状況によりよく対処できている自分に気づくだろう。問題をもたずに人生を生きることは実際に可能なのである。それには、問題を生み出すのが出来事そのものではなく、出来事に対するあなたの抵抗だということを胸に銘記しなければならない。現実を受容することは、ものごとに対処しないということではない。ただ、自分の個人的な問題をそれに投影しないということである。

あなたが格闘している相手

あなたが格闘している相手は、ほとんどの場合、あなた自身の恐れや願望である。恐れと願望があらゆることを複雑に思わせているのだ。出来事に対し、恐れや願望を抱かなければ、実際に対処するものなど何もない。あなたはただ自然な理にかなったありようで、人生が展開していくのを許し、人や物と交流する。そして、一瞬一瞬にしっかりと存在し、人生の経験を楽しむことだ。そうすれば緊張もストレスも燃え尽き症候群もない。

このように出来事があなたの中を通り過ぎていくようになれば、あなたは深い霊的な状態に達することになる。そのとき、何が起ころうと、エネルギーを溜め込まずに、意識的になることができる。そのような状態を達成すれば、あらゆることが鮮明になる。

対照的に、一般の人たちはみな、自分自身の反応や個人的な好みと戦いながら、周囲の世界に対処しようとしている。自分自身の恐れ、不安、願望に対処しているとき、実際に起こっていることに対処するエネルギーがどれだけ残っているだろう?

立ち止まって、あなたが達成できることについて考えてみよう。今まで、あなたの能力は絶え間ない内的葛藤によって制限づけられてきた。葛藤がなく刻一刻と起こることに対処できたらどうなるか想像してもらいたい。あなたの内部から雑音が消え、あなたの能力はそれまでとは比べものにならないほど上昇するだろう。そして、そこまで明晰になれれば、人生が劇的に変わるだろう。

あなたは抵抗を手放すために人生のさまざまな出来事を活用するようになるだろう。人間関係は自分自身と取り組むための偉大な方法である。自分の中の鬱屈した欲求を満たすためではなく、他人を知るために人間関係を用いたらどうなるか想像してもらいたい。人々を自分の好き嫌いの先入観念に合わせようとしなければ、人間関係がそれほど難しくないことに気づくだろう。捻じ曲がった心でやたらに人々を判断したり、人々に抵抗したりしなければ、かれらが思ったより付き合いやすいことに気づくだろう——自分もかれらにとって付き合いやすい人間だということがわかるだろう。自分自身を明け渡すことが、他人と近づくためのもっとも手っ取り早い方法なのだ。

抵抗を手放す

あなたの日々の仕事にも同じことがいえる。日々の仕事に満足し、楽しみたければ、自分自身の抵抗を手放し、出来事が自分の中を通り過ぎていくのを許さなければならない。その後に、あなたの本当の仕事が待っている。せき止められていたエネルギーが一旦、あなたの中を通過すると、世界は違う場所になる。人々や出来事が違って見えるようになるのだ。自分がそれまでに見たことのない才能や能力をもっていることにあなたは気づくだろう。そして、あなたの人生観が変わり、この世の一つ一つのものごとが変容したように見えるだろう。

そのようなことが起こるのは、あなたがある状況で抵抗を手放すことを学び、他の状況でも明晰でいられるようになるからだ。

たとえば、あなたが犬を恐れているのに、ある日、ほかの人たちが犬をまったく恐れていないことに気づくとしよう。怖がっているのは自分だけだと気づいたあなたは、恐怖心と取り組み、犬を見ても平静でいられるように訓練する。その結果、リラックスしていれば、抵抗を手放せることを発見するだろう。抵抗を取り除くもっとも手っ取り早い方法はリラックスすることなのである。そのコツさえ習得できれば、あらゆることに応用できる。

非抵抗の道

深い内的な解放はそれ自体、霊的な道である。それは非抵抗、受容、明け渡しの道だ。目指すべきは、エネルギーがあなたの中を通過するときに抵抗しないことである。たとえそうすることが困難でも、落ち込むことはない。引きつづき取り組みつづけてもらいたい。それは一生かかって完成させる仕事である。鍵はただリラックスして自分を解放し、目の前にあるものだけに対処することだ。ほかのことを心配する必要はない。リラックスして自分を解放すれば、とてつもない霊的な成長の道を歩んでいることがわかるだろう。そして、内部で莫大なエネルギーが目覚めるのを感じるとともに、以前よりもたくさんの愛を感じるようになるだろう。より多くの平安と満足を感じるだろう。そして、最終的に、あなたは何ものにも煩わされなくなるだろう。

あなたは実際に、残りの人生、ストレスも緊張も問題も抱えずに生きていける。人生が自分に贈り物をあたえてくれること、その贈り物は生まれて死ぬまでの間に起こる出来事の流れだということを悟ればいいのだ。この出来事の流れは刺激的、挑戦的で莫大な成長を生み出す。

こうした人生の流れを快適に扱うには、ハートが開き、現実を包含できるぐらいに広がらなければならない。そうならないのはあなたが抵抗するからだ。現実に抵抗するのをやめることを学んでもらいたい。そうすれば、かつてストレスに満ちた問題のように見えたものが、霊的な旅の踏み石のように見えはじめるだろう。

10章◉死について考える

死は人生最高の教師

死が人生最高の教師であるというのは、実に偉大な宇宙的パラドックスである。死ほど多くのことを教えてくれるものはない。あなたの身体があなたではないことを誰かが教えてくれるかもしれないが、死はそれを示してくれる。生に執着することの空しさを死は一瞬にしてわからせてくれる。あらゆる人種の男女は平等であり、富者と貧者の間には違いがないと教えられてきたかもしれないが、死は一瞬にしてわたしたちすべてを平等にする。

問題は、そうした学びを死に教えてもらう最後の瞬間まで待つかどうかである。賢い人間はいつ自分が息絶えるかもしれないことに気づいている。死はいつどこでも起こりうる。あなたはそのことから学ばなければならない。賢い人は死ぬという現実、死の必然性、予測不可能性を全面的かつ完璧に受け入れる。

最高レベルで生きることがどんなことかを学ぶために、死を待つ必要はない。

死によってすべてを失う前に、自分の能力を存分に発揮するため、内面を深く掘り下げることを学んでもらいたい。賢い人間はこう確信する。「一息ですべてが変わるなら、生きている間に、最高のレベルで暮らしたい。これからは自分の存在のもっとも深い部分とつながって生きよう」

これが意味のある深い人間関係を築くのに必要な意識である。愛する人たちに対して、わたしたちがいかに無神経かを見つめてもらいたい。かれらがずっとあなたのそばにいるのが当然だと思っている。もしかれらが死んだらどうなるだろう？　もしあなたが死んだらどうなるだろう？

もし今夜がかれらと会う最後の機会だと知っていたらどうだろう？　それでもまだ身近な人たちに日ごろ抱いている些細な恨みや不満をもちつづけるだろうか？　今日だけしか会えないと知ったら、恐らく愛する人を大切に思う気持ちが一気に高まるだろう。誰とでも一瞬一瞬をそのような感じで一緒に暮らしたらどうなるか考えてみてもらいたい。あなたの人生は実際に違ったものになるだろう。

死は恐ろしい考えではない。人生の偉大な教師なのだ。

死ぬまで最後の一週間、何をするかを考える

あなたが必要だと思っているものをちょっと振り返ってみてもらいたい。さまざまな活動にあなたはどれだけの時間とエネルギーを注いでいるだろう？　一週間以内に、あるいは一カ月以内に自分が死ぬことを知っているとしたら、どうなるか想像してほしい。そのことはものごとをどのように変えるだろう？　するべきことの優先順位はどのように変わるだろう？　そして、あなたの思考はどのように変化するだろう？

死ぬまでの最後の一週間、あなたが何をするか正直に考えてもらいたい。考えたら、残りの人生をどのように過ごすかを自問してみよう。無駄に費やすだろうか？　その時間を棒に振るだろうか？　あたかも死がずっと先にあるかのように過ごすだろうか？　あなたはどのような生き方をするだろう？　死があなたに尋ねているのはまさにそのことである。

あなたが死について考えずに生きているとしよう。死神があなたのところに

やって来て、こう言う。

「さあ、来なさい。行く時間ですよ」

「えっ、あなたは、最後の一週間にわたしが何をしたいか決められるよう、警告してくれることになっていたはずです。僕はもう一週間あたえられることになっている」とあなたは訴える。

死神が何と言うだろうか？　きっとこう言うだろう。

「何を言ってるの！　過去、一年だけでも五二週あなたにあげたわ。それ以前も十分な時間をあなたにあたえてきたのよ。どうしてもう一週必要だというの？　これまでの週、あなたは何をしてきたの？」

あなたは何と答えるだろう？

「僕は注意を払ってこなかった。……大切だとは思わなかったんです」

と答えるとすれば、まことに愚かなことだ。

死は偉大な教師だが、死を意識して生きている人は少ない。あなたはいつ息を引き取ってもおかしくはない。それは年を取った人たちだけではなく、赤ん坊やティーンエージャー、中年の人にもいえることである。最後の息を引き取るときがいつ訪れるか、誰も知らないのだ。

だから、最後の週にどう生きるかを常日頃から考え、実践する勇気をもってもらいたい。本当に目覚めた人たちにその質問をしても、答えに窮することはないだろう。かれらの内面を変えるものは何もない。かれらの中をよぎる思考は一つもない。死が一時間以内にやってきたとしても、一週間以内にやってきたとしても、あるいは一年以内にやってきたとしても、かれらは現在生きているのと同じような仕方で生きるだろう。要するにかれらは自分の人生を精一杯生きており、妥協したり、自分と戯れたりしていないのだ。

死はいつ訪れるかわからない

死神に見つめられたらどう感じるかを、真剣に想像してもらいたい。それから、死神に見つめられようが見つめられまいが、同じでいられるよう、つねに平静を保っていなければならない。

人生、一瞬一瞬、頭上すれすれのところに剣が振りかざされているかのように感じたと語った偉大なヨガ行者の話がある。彼はそんなにも死に近いという自覚をもって生きたのだ。

あなたも同じように死に近いのだ。車に乗るたび、通りを横断するたび、何かを食べるたび、それが最後にすることになるかもしれないのだ。

「彼は夕食を食べている最中に死んだ」

「彼は家から二マイル離れたところで、交通事故で死んだ」

「彼女はニューヨークに帰る途中、飛行機の墜落事故で死んだ」

「彼は眠って、二度と目を覚まさなかった」

死を論じることを恐れてはならない。そのことで神経をとがらせないでもらいたい。この死からの教えを、人生の一瞬一瞬を精一杯生きるために活用してもらいたい。なぜなら、すべての瞬間が大切なのだから。一瞬一瞬を精一杯生きる——それが、余命一週間しかないことを知るときに起こることだ。最後の一週間には、すべてのことがふだんより何百万倍も意味をもつ。もしそのような心構えですべての週を生きたらどうなるだろう？

人生を生きる姿勢を変える

ほとんどの人はそのような心構えでは生きていない。その理由を自分自身に尋ねてみてもらいたい。あなたはいつか死ぬ。それはわかっている。ただそれがいつかわからないだけだ。あなたはすべてのものを奪われるだろう。持ち物も愛する人も、人生のあらゆる希望や夢も、すべてを後に残していくだろう。今、いるところから連れ去られるのだ。

もはやあなたは忙しく演じてきた役割を果たすことができないだろう。一瞬にして死がすべてを変える。それが事実である。あなたが現実だと思っているもののすべてが一瞬にして消滅してしまうのだ。だから、自分がいったい何者か再検討したほうがいいだろう。そのためには、もっと内面を深く覗き込まなければならない。

深い真実を受け入れることの美点は、自分の人生を変える必要がないことにある。ただ人生を生きる姿勢を変えるのだ。

ごく簡単な例をとってみよう。あなたは何千回、何万回も外を散歩したことがあるだろうが、実際に何度、そのことに感謝したことがあるだろうか？　病院のベッドに横たわっている入院患者で、余命一週間と宣告されたばかりの人物を想像してもらいたい。その患者は医師を見上げて言う。

「外を散歩してもいいですか？　もう一度だけ空を見たいんです」

たとえその日、雨が降っていたとしても、その患者は外出して、雨の感触を味わいたいと思うだろう。患者にとってそれはきわめて貴重な体験になるだろう。ところが、あなたがたは雨の感触を味わいたいなどとは思わない。雨が降ると、何かをかぶって走ろうとする。

わたしたちの中には大変恐れが強く、先々のことばかり心配している一面がある。それが、今、ここに生きることを不可能にし、人生を楽しむのを妨げているのだ。その間にも、死はわたしたちの足元を見つめている。あなたは死が訪れる前に生き生きと生きたくないだろうか？　あなたは恐らく死の宣告を受けないだろう。死ぬことを事前に告げられる人間はごく少数である。ほとんど誰もが、いつ自分が最後の息を引き取るかわからない。

だから、精一杯生きるのを許さないあなたの恐れている部分を手放すために、日々の出来事を活用することからはじめよう。あなたは自分がいつか死ぬことを知っているのだから、言いたいことを言い、やりたいことを進んでやろう。次の瞬間に起こることを恐れずに、しっかりと現在に生きよう。

それが死に直面した人の生き方だ。あなたも毎瞬、死に直面しているのだから、そのような生き方ができるはずだ。

つねに死に直面しているように生きる

つねに死に直面しているように生きる術を学んでほしい。そうすれば、もっと大胆に、もっとオープンになるだろう。精一杯人生を生きれば、あなたはいかなる遺言ももつ必要がない。一瞬一瞬を、遺言として生きるようになるからだ。そのときになってはじめて、あなたは人生を存分に味わうようになり、生きることを恐れている部分を手放したことを知る。

人生から得られる唯一のことは、人生を経験することによって生じる成長である。それを理解すれば、恐れは消滅する。

人生そのものがあなたの経歴であり、人生を生きる姿勢こそもっとも重要なものだ。それに比べれば、人生に意味をあたえるためにあなたがしていることは些細なことである。実際に人生に意味をあたえているのは、人生を生きる意欲である。それはなんら特別な出来事ではない。積極的に人生を経験しようとする意欲なのだ。

あなたが次に会う人物が、あなたの会う最後の人物であることを知っていたらどうだろう？　きっとあなたは相手との会話に没頭し、味わい尽くすだろう。相手が何を言おうが気にしないだろう。この世における最後の会話なので、どんな言葉でも楽しんで聞くだろう。

そのような意識をすべての会話に持ち込んだらどうだろう？　死が間近に迫っていることを告げられるときに起こるのがそのことだ。人生は変わらないが、あなたが変わるのだ。真の探求者はあらゆる瞬間、そのような生き方を心がけ、何ものにも邪魔させない。あなたはなぜ邪魔させるのだろう？　いずれにしろ死ぬ運命にあるというのに。

余命一週間のつもりで暮らす

もしあなたが余命一週間のつもりで暮らすことに挑戦すれば、あらゆる種類の抑圧された願望が浮上してくるかもしれない。そして、あなたはずっとこうしようと胸に秘めていたすべてのことをしたいと思うかもしれない。あなたはそれらをしたほうがいいと思うだろうが、しても解決しないことにすぐ気づくだろう。

真の人生経験を妨げているのは、人生から何かを得ようとするあなたの欲張りな気持ちであることを理解してほしい。人生とはあなたが得る何かではない。あなたが経験する何かである。人生は、あなたがいてもいなくても存在する。そうして長い間つづいてきたのだ。あなたはそれのほんの薄い一片を見る名誉を授かっているだけである。

もし何かを得ることに忙しくしていれば、実際に経験しているその一片すらも見逃してしまうだろう。人生の経験はどれ一つとして同じではない。すべての経験はする価値がある。人生は無駄にするものではない。貴重なものだ。死が偉大な教師であるのはそのためだ。

人生を貴重なものにするのは死である。余命一週間しかないと思うといかに人生が貴重なものになるか、それを想像してもらいたい。死のようなものが存在しなかったら、果たして人生は貴重だといえるだろうか？　人生が果てしなくつづくと思えば、一瞬一瞬を無駄に過ごすことになるだろう。物を貴重にするのは、乏しさなのだ。石っころを珍しい宝石にするのは稀少性なのだ。

死は人生に意味をあたえる

このように死は実際に人生に意味をあたえる。死はあなたの友人であり、あなたの解放者である。どうか死を恐れないでもらいたい。死が語ることを学んでもらいたい。最高の学び方は、人生の一瞬一瞬を大切にし、重要なのは人生を精一杯生きることだということを悟ることである。一瞬一瞬を完璧に生きれば、より充実した人生を送れるようになり、死を恐れなくなるだろう。

死を恐れるのは人生を渇望するからにほかならない。まだ経験していない何かがあると思うからだ。死は自分から何かを奪うと多くの人は感じる。賢い人間は、死が絶えず自分に何かをあたえていることに気づく。死はあなたの人生に意味をあたえている。

あなたは人生を浪費する者である。ことごとく無駄にしているのだ。車に乗って、ここからあそこへとドライブするが、その間、何も見ていない。そこに存在さえしていない。次に何をするかを考えることに忙しいのだ。あなたは自分自身の一カ月先にいる。いや、一年先にいる。あなたは人生を生きているのではなく、思考を生きているのだ。だから、人生を無駄にしているのは死ではなく、あなたである。

実際に死は、あなたが瞬間に注意を払うことによって人生を取り戻すのを助けてくれる。死はあなたにこう言わせる。

「神様、わたしは大切なものを失おうとしています。子どもを失おうとしているんです。これが子どもたちに会う最後になるかもしれません。今から、子どもたちや伴侶、友人、愛する人たちにもっと注意を払うようにします。人生からできるだけのものを得たいのです！」

もしあなたが人生を存分に生きていれば、死があなたから奪うものなど何もない。賢い人がいつでも死ぬ準備ができているのはそのためだ。死が訪れても、何の違いもない。なぜならかれらの経験はすでに全体であり、完璧だからだ。

死は地主、あなたは借地人

あなたが何よりも音楽を愛しているとしよう。お気に入りのクラシックの曲を、大好きな交響楽団が演奏するので聴きたいとずっと願っていた。それがあなたの一生の夢だった。ついにそれが叶えられるときがくる。

あなたは実際に自分で作曲した曲を聴き、完全に満たされる。そして一瞬にして超越的な平安に没入する。あなたは実際のところ、死ぬ前に、それ以上の時間を必要としない。あなたが必要なのは、あたえられた時間内にする経験の深さである。

それが人生を一瞬一瞬生きる方法である。一瞬一瞬をあなたの存在の深部に触れさせるのだ。それができない瞬間はない。たとえ何か恐ろしいことが起こっても、それを単なるもう一つの人生経験とみなそう。死はあなたに深い安らぎをあたえる偉大な約束をした。すべては束の間だという約束である。すべては時間と空間を通り過ぎていくだけにすぎない。もし平静を保っていられれば、どんなに恐ろしいことも通り過ぎていく。

賢い人は最終的に人生が死に従属していることに気づく。死はあなたから命を奪うために気まぐれなスケジュールでやってくる。死は地主であり、あなたはただの借地人だ。死はいつか自分の所有権を主張する。なぜならずっとそれは自分に属していたからだ。

あなたは死と健全な関係をもつべきである。それは恐怖の関係であるべきではない。もう一日、もう一つの経験をあたえてくれたということで、死に感謝してもらいたい。

人生を貴重なものにする稀少性を生み出したことで死に感謝してもらいたい。そうすれば、あなたの人生はもはや無駄にするものではなく、感謝するものになるだろう。

死は人生の究極的な現実である

死は人生の究極的な現実である。ヨガ行者や聖者は死を完全に受け入れる。聖パウロは言った。

「おお、死よ、汝の痛みはどこにある？　おお、墓よ、汝の勝利はどこにある？」（コリントス人への手紙1　15章55節）

偉大な存在は死について語ることをいとわない。ヨガ行者は瞑想するために伝統的に墓場や川辺の火葬場に赴《おもむ》いた。そこに座って身体の脆弱《ぜいじゃく》さと死の必然性を思い起こすのだ。仏教徒はものごとの一過性を熟考せよと教えられる。すべては一時的であり、死があなたにそれを告げる。

人は頭の中でおしゃべりに夢中になる代わりに、どうして人生が束の間であることを考えないのだろう？　どうして意味のあることについて考えないのだろう？　死を恐れてはならない。死に自分を解放させよう。充実した人生を送るよう、死に勧めさせよう。

あなたは、自分が望む人生ではなく、自分に起こる人生を生きるべきである。ほかのことを起こさせようとして人生を一瞬たりとも無駄にしてはならない。あたえられた瞬間に感謝しよう。

一瞬一瞬が死に近づく一歩だということをわかってもらいたい。それがあなたの人生の生き方である。あたかも死の淵にいるかのように生きるのだ。なぜなら、実際にそうなのだから。

11章◉タオに生きる

ものごとには両極がある

スピリチュアルに生きる話をしようとしたら、霊的な教えの中でもっとも深いとされている『道徳経』に触れずには終われない。道徳経はまことに論じにくいことについて論じている。著者とされる老子が「タオ」と呼んだものについてである。「道」という字で表されるタオは非常に玄妙なので、語れるのはその抽象的概念だけで、その実体を示すことはできないとされている。

道徳経は簡単に読めても、一言も理解できないこともあるし、どの言葉を読んでも目から涙があふれてくることもある。問題は、それが表現しようとしていることを理解するための素地があなたにあるかどうかだ。

不幸なことに霊的な教えはしばしば神秘的な言葉で真実のエッセンスを覆い隠す。しかし、タオはきわめて簡潔である。本当に人生の秘密を学んだ人は何も読まなくてもこれらの真実を認識する。タオを理解したかったら、リラックスして、シンプルに生きることを心がけなければならない。そうでないと、少しも理解できない可能性がある。

タオに取り組むには、まずものごとにはすべて両極があることを理解しなければならない。たとえば、食べることに関していえば、一方の極に食べ過ぎて死ぬことがあり、もう一方の極には、飢えて死ぬことがある。その双つの極の間を、食べるという振り子は行き来する。

明と暗、拡大と収縮、無為と為、すべては両極を表している。極限まで行くと、生き残れないのが普通である。たとえば、あなたが暑い天候を好んでいるとしよう。では、摂氏三〇〇〇度で生きていけるだろうか？　即、蒸発してしまうだろう。たとえ寒い天候が好きだとしても、絶対零度（摂氏マイナス二七三・一五度）になったら、あなたの身体の分子は二度と動かないだろう。

もっと身近な例をあげよう。あなたは他人と親密になるのが好きだろうか？では、親密になりすぎて離れられないとしたらどうだろう？　毎食、一緒に食べ、どこに行くにも一緒で、何をするにも一緒。電話で話をするときには、両者がすべての会話に参加できるよう、スピーカーフォンを必ず用いる。あなたがたは同一人物になれるほど親密でありたいと願っている。それがどのくらいつづくだろうか?

これは人間関係における一つの極端な例である。対極の例は、お互いに自分自身の空間を欲するものだ。あなたがたは独立していて、離れているのを好み、自分の好きなことをする。別個に旅行し、別々に食べ、別々の家で暮らす。だが、そんな生活をつづけ、何年間も会わずにいれば、あなたがたが付き合っていることを誰も認めなくなるだろう。

これらの極端な例はどちらも同じ結果に終わる。近すぎる、遠すぎる、いずれのケースでも、あなたがたはやがて話をしなくなるだろう。

エネルギーは真ん中にある

振り子を三〇度右側に持ち上げると、三〇度左側に戻ることが科学的にわかっている。そのことを言うのに老子は必要ない。すべての法則——内的な法則も外部の法則も——は同じである。この世界では、同じ原理が万物を動かしている。振り子を一方に引き上げれば、もう一方の側に同じ角度だけ振れる。

ではそのとき、エネルギーはどこにあるのだろう？　エネルギーは真ん中にある。それはいずれの方向へも押すエネルギーがないところだ。両極の力がちょうど拮抗する場所である。

振り子は振れ切った地点にどれだけ長くとどまっていられるだろう？　一瞬しかとどまっていられない。だが、中間地点なら、永遠にとどまっていられる。バランスを崩す力がないからだ。とはいえ、真ん中が静止したまま、固定されているものと考えてはならない。真ん中がいかにダイナミックなパワーを秘めているかをこれから見ていこう。

タオのパワー

まず、すべてのものは反対の局面をもっているので、独自の均衡点をもっていることを理解しなければならない。タオが表す力の一つが、こうした均衡点のすべてを折り合わせる調和である。この全体のパワーは時間と空間を動きながら均衡を保ちつづける。そのパワーは驚異的である。

もしそうしたタオのパワーの一つを想像したかったら、道から逸れることでどれだけのエネルギーを無駄にするかを調べてもらいたい。あなたがA地点からB地点に行きたがっているとしよう。あなたは真っ直ぐ歩いて行かずに、くねくねと曲線を描いて歩いて行く。当然、長くかかるし、エネルギーもたくさん必要になる。

換言すれば、道を逸れてあっちに行ったり、こっちに行ったりするのは効率的ではない。効率的であるためには、あなたの全エネルギーを、道を歩くことに集中させなければならない。そうすれば、右往左往することによって無駄に費やされていたエネルギーが中心に引き寄せられるだろう。

正反対の極を行き来するのをやめれば、自分が思っていた以上にエネルギーをもっていることに気づくだろう。ほかの人が何時間もかかってやることを、あなたは数分でかたづけるだろう。ほかの人たちを疲れさせるものでも、あなたはエネルギーをほとんど消耗しないですむ。それが対立するものと戦うことと、中心にとどまっていることとの違いである。

この原理は人生のあらゆる局面にあてはまる。バランスがとれているとき、あなたは食べる時間がくれば食べる。そのようにして健康を維持する。そうでないと、食べても効果がなかったり、食べ過ぎたり、身体に悪い食べ物を食べたりして、エネルギーを無駄にすることになる。極端なやり方で圧力をかけるより、バランスのとれたやり方で身体を扱ったほうが効率的なのだ。

極端なことをするにはエネルギーが必要

一般的に、極限のところであなたは多大なエネルギーを無駄に費やす。極端であればあるほど、それはフルタイムの仕事になる。たとえば、四六時中、一緒にいなければならない人間関係は、フルタイムの仕事である。そのような関係で何か仕事をしたければ、同じ机で同じ仕事をするしかない。

それとは正反対の極で、一切人との関係をもたずに、孤独でいつも落ち込んでいたら、たいしたことを成し遂げられないだろう。繰り返しになるが、極端なことをするにはあなたの全エネルギーが必要なのだ。あなたの行動の非効率性は、あなたがどの程度真ん中から外れるかによって決定される。真ん中から外れると、生きるためにエネルギーを使うことがあまりできなくなる。なぜなら振り子の揺れに合わせるためにエネルギーを使わざるをえないからだ。極端はよき教師である。極端を調べれば、バランスを失った行動パターンの結果を容易に見てとれる。

チェイン・スモーカーの例をとってみよう。彼はいつもタバコを口にくわえ、絶えず火をつけている。彼の人生のかなりな部分がタバコと関わっている。タバコを買い、タバコに火をつけ、タバコをふかしているのだ。彼はまたタバコを吸える場所を探すのにいつも忙しくしている。彼はタバコに火をつけるために外に出なければならないのが嫌なので、公の場での喫煙に賛成する委員会に加わっている。

彼のエネルギーがどの程度、タバコを吸うことに費やされているか注意してもらいたい。では、彼がきっぱりと禁煙する決心をしたとしよう。一年後、どうなったか彼に尋ねれば、いつかタバコをやめるつもりだと言うだろう。それが過去一年の彼の人生だった。

まず彼はチューインガムを試したが、まったく助けにならなかった。次に禁煙パッチを試したが、それも効き目がなかったので、催眠療法に頼った。彼の振り子は喫煙で一方の極限まで振れていたので、禁煙するためにはもう一方の極限まで振れなければならなかったのだ。両極端は時間とエネルギーのとてつもない無駄となった。それらの時間とエネルギーをもっと生産的な別の活動に費やせたかもしれないのだ。

振り子の揺れを止める方法

極限を維持しようとすることにエネルギーを費やしていると、何事も前に進まない。わだちにはまり込んでしまうのだ。極端であればあるほど、前進できなくなる。そのとき、あなたを動かすエネルギーは存在しない。すべては極端を支えるために費やされる。

エネルギーは真ん中にある。なぜならそれがエネルギーのバランスがとれる場所だからである。では、どのようにすれば振り子の揺れは止まるのだろう？放っておけばいいのだ。あなたが振り子に力を貸さなければ、左右への揺れは次第に小さくなっていく。そのまま何もしないでいれば、振り子は自然に真ん中に近づいていくだろう。それが真ん中にくるころには、あなたはエネルギーに満たされている。なぜなら、それまで無駄にされていたエネルギーが今や使えるようになるからだ。

真ん中を選び、振り子を左右に揺らすことに加担しなければ、タオの力の一つを知るに至るだろう。振り子を揺らすためにエネルギーを使わないでいれば、振り子はひとりでに真ん中に引き寄せられていく。すると、ものごとが収まるべきところに収まるようになるのだ。

一瞬一瞬に存在する

その力は言ってみれば、台風の目と同じように、空っぽの窪みである。万物はその周囲を回るが、真ん中は不動である。人生の渦巻きはその真ん中からエネルギーを引き出し、真ん中は人生の渦巻きからエネルギーを引き出す。この法則は天候、自然、人生のあらゆる局面において同じである。

振り子を揺らすことに加担しないで真ん中にいれば、エネルギーは自然にバランスを見出す。大量のエネルギーが湧いてくるので、あなたははるかに明晰になるだろう。そして、一瞬一瞬に存在するということがあなたの自然な状態になるだろう。

あなたは特定のものごとに固着しないだろうし、対立するものについての思考に囚われることもないだろう。より明晰になるにつれ、人生の出来事が実際にスロー・モーションで展開しているように思えるだろう。一旦、そうなれば、どんなものごともはや混沌としなくなり、圧倒されることもなくなるだろう。

大抵の人はそのようには生きていない。ほとんどの人はドライブをしていて誰かが割り込んできたら、頭に来て、その後一時間あるいはその日ずっと、怒りが収まらない。

だが、対立するものに囚われずに生きている人にとっては、出来事は起こっている間しかつづかない。たとえば、ドライブをしていて誰かが割り込んできたら、あなたはエネルギーが真ん中から引っ張られるのを感じる。実際にハートで感じるのだ。だが、あなたはその感情を流れるままに任せるので、エネルギーはすぐに真ん中へと舞い戻る。

極端なものについていかなければ、エネルギーは現在の瞬間に戻るのだ。そして、次の出来事が起こったとき、あなたはそこにいる。あなたはつねに現在の瞬間にいる。そのことがあなたを、過去の不均衡に反応する人間より有能にする。ほとんど誰でもバランスを失う地点をもっている。一旦、バランスを失えば、誰も仕事に精を出すことなどできない。一方、しっかりした目的をもって現在に存在しつづける者は、最終的にトップに躍り出ることを忘れないでもらいたい。

タオの力を受け止めれば、あなたはつねに今に存在できる。人生はシンプルそのものになる。だが、極端なものに関わっていると、内部でさまざまな反応が起こり、人生は混沌としているように思える。それは人生ではなくあなたが混乱しているからなのだ。

混乱するのをやめれば、すべてがシンプルになる。あなたが何の好みもなく、真ん中にとどまっていることだけを望めば、ひとりでに人生が展開していく。すべてのものを貫く目に見えない踏み石があるのだ。すべてのものはそのバランスのとれた真ん中を静かに通っていく。真ん中は実際にそこにあるのだ。あなたの人間関係、ダイエット、ビジネスの中にそれがあるのだ。すべての中にあるのだ。それは台風の目であり、完璧に安らいでいる。

バランスの道

そうした真ん中とはどのような感じかを理解してもらうために、セーリングの例をあげよう。まず、まったく風のない日にセーリングに行ったとしよう。それは一つの極限であり、わたしたちはどこにも行くことができない。

では強風が吹いている日にセーリングに行ったとしたらどうだろう？　それは正反対の極限であり、帆を張れないのでやはりどこにも行けない。セーリングがよい例となるのは、相互作用する多くの力が関わっているからだ。風、帆、方向舵、帆を張る綱の緊張がある。さまざまな力の相互作用があるのだ。

風が吹いていても、あなたの帆の張り方が悪ければ、うまくいかない。帆をきつく張りすぎれば、転覆する。正しく帆走するには、帆を適度な力で張らなければならない。だが、適度とはどの程度を指すのだろう？　帆が張りすぎもせず、ゆるすぎもしない中間点だ。それがスウィートスポットと呼ばれてきた地点だ。

風が帆にちょうどよくあたって、あなたがしっかりと綱を握っているときの感覚を想像してもらいたい。あなたは完璧なバランス感覚をもって船出する。風が変われば、あなたはそれに合わせる。あなたと風と帆と海水が一つになる。すべての力が調和をもって働く。一つの力が変化すると、同時にほかの力も変化する。

セーリングにおいて、均衡点は静的ではない。それはダイナミックな均衡である。あなたは均衡点から均衡点、真ん中から真ん中へと移動する。あなたはいかなるコンセプトも好みももつことができない。もろもろの力に動かされるに任せなければならないからだ。あなたはさまざまな力の手に委ねられた、ただの楽器であり、バランスのハーモニーに参加する。あなたはもっぱらバランスをとることにのみ集中する境地に達する。

人生のあらゆることにおいてそうである。バランスをもって働くことができればできるほど、人生を楽に渡っていけるようになる。

すべての偉大な師は真ん中の道、すなわちバランスの道を明らかにしている。その道があなたの生きているところか、それとも極限の中で道を見失っているかを絶えず見守っていてほしい。極限が正反対のものを生み出す。賢者はそれを避ける。真ん中にいてバランスを見出せば、調和の中で生きられるようになることを知っているからである。

12章◉神の愛する目

わたしたちは神と直接つながっている

神について知るにはどうしたらいいのだろう？　神についての教え、コンセプト、見方は実にたくさんあるが、どれもみな人々の心を動かしてきた。文化が異なっても、神の観念が一致しているのは驚くべきことである。

わたしたちの内奥には、幸運にも、神との直接的なつながりがある。個人的な自己を超えた部分がわたしたちの中にあるのだ。あなたはその部分に意識的に同化することができる。すると、あなたの内部で自然な変容がはじまる。

この変容を観察していれば、時の経過とともに、神へと向かうことがどのような感じなのかがわかるようになる。実際にあなたは、スピリットのほうに向かっていくことがどのような感じかがわかりはじめる。

あなたが自分の中に見る変化は、あなたが近づいている力を映し出す。雨があなたを濡らし、火があなたを温めるように、変容した自己の像を覗き込むことによって、あなたは神の性質を知ることができるのだ。これは哲学ではなく、直接体験である。

霊的な成長は他のすべてのことと同様に体験できる。たとえば、あなたの人生には、否定的な思いや怒りや後悔をたくさん感じた時期がなかっただろうか？　そのような時期、自分がどんな状態で他人をどう思い、思考や行動がどうだったかをあなたは知っている。それも直接体験である。

あなたが成長して否定的な思いに囚われなくなると、実際に緊張や不安の感情が薄らいでいくだろう。多くの低次の波動がどんどん遠のいていくように思えるだろう。低次の波動のかたまりはまだそこにあるかもしれないが、あなたがそれと同一化したり、それにしがみついたりしなければ、それはもはやあなたをつかんでいることはできない。低次の波動を手放せば、それに同一化して、どうにかしなければならないと考えるのを自然にやめるだろう。そうすれば、あなたのスピリットは上昇していく。

スピリットが上昇しているかどうか、どうすればわかるのだろう？　それは呼吸や心臓の鼓動を自覚するのと同じだ。あなたは内部にいて、直接それを体験する。

「上昇する」とは、自分自身の内部にさらに深く引きずりこまれる経験である。あなたはもはや地上の自己に引きとめられていないので、内部の広大さを感じはじめている。そして、自分と内部の思考や感情との間に大きな隔たりがあるのを感じる。あなたはゆっくりと「意識の中心」に戻り、それから上昇する。

スピリットと同一化する

上昇するとき、どのように感じるだろう？　以前のような怒りや恐れや自意識は感じない。人に対して恨みも感じない。あなたは以前ほど頻繁にハートを閉ざしたり、緊張したりしなくなる。

依然として気に入らないことは起こるだろうが、以前ほど煩わしく感じない。ものごとに敏感に反応する部分から離れてしまっているからだ。これはあなたが実際に経験することである。すなわち、低次の波動を手放すときに、自然に起こることなのだ。あなたはより深い波動へと入り込み、上昇していく。

たとえ自分に何が起こっているか理解できなくても、あなたは確かにどこかに向かっている。あなたが感じはじめるのは、霊的な存在の中に入り込んでいくということである。身体的、生理的な部分とのつながりが稀薄になると、純粋エネルギーの流れと同一化しはじめるのだ。

スピリットと同一化すると、不安や緊張を感じて歩き回っていたあなたは、愛を感じて歩き回るようになる。これといった理由もなく愛を感じるのだ。ほかに感じるのは開放性、美、感謝である。無理やりそのようなことを感じるよう自分に仕向ける必要はない。スピリットがそう感じるのだ。

ふだん、身体がどう感じているかと尋ねられたら、あれやこれやに不快感を感じている、とあなたは答えるかもしれない。

ハートについてはどうだろう？　もしあなたが本当に正直であれば、不満と恐れに満ちているのが普通だとたぶん言うだろう。

では、スピリットはふだん、どう感じるだろう？　つねにいい気持ちでいるというのが真実である。常に開かれており、軽さを感じているのだ。

そのため、あなたは自然に、自分の霊的な部分に触れるようになる。スピリットに手を伸ばすのではなく、他のものを手放すことによってそうするのだ。

実際、ほかに方法はない。個々に分断された自己にしがみついている限り、スピリットに触れることはできない。あなたは分断された自己を手放さなければならない。手放せば、本来の自分自身に戻っていく。そして波動が高まり、あなたが感じる愛と軽やかさが増していく。上昇しはじめるのだ。

自分の身体的、感情的、精神的側面を手放し、進んで解放すれば、スピリットがあなたの常態となる。あなたは自分に何が起こっているか理解する必要はない。自分自身の「意識の中心」に戻れば戻るほど自分が研ぎすまされていくことを実感する。するとひとりでにさまざまに伝承されている偉大な聖人や賢者の波動を経験しはじめる。自分もまた深い霊的な経験をし、「主の日に御霊を感じ」（ヨハネの黙示録　第1章10節）うることを悟る。

個人の意識が普遍的な一体性へと溶け込む

だが、実際問題、どのようにしたら神について知ることができるのだろう？　自分を超えるものについてどのようにしたら知りえるのだろう？　神を知ることができることを、あなたは知っている。

自分を超えるものを経験した人たちは、自分の低次の局面を手放したときにそれを経験したのだ。とてつもない愛やスピリットや光が自分の中で目覚めるのを感じたのだ。それは五感を通して入ってくるどんなものより崇高な感覚だった。

かれらは自分自身の「意識の中心」に戻り、どんどん上昇した。そしてある日突然、かれらは姿を消した。もう「わたし」という感覚はなかった。分離した自分が愛と光を経験しているという感覚はなかった。一滴の海水が大海に溶け込むように、自己感覚が愛と光に溶け込み、拡大していく感覚しかなかった。自らを個人として認識する意識の滴が根源にまで遡《さかのぼ》ると、大海に落ちた一滴の海水のようになる。自我は至高の自我に、個人の意識は普遍的な一体性へと溶け込む。それだけである。

それが起こると、人々は興味深いことを言う。「わたしと父とは一つである」(ヨハネによる福音書　10章30節)。「わたしがあなたがたに言う言葉は、わたしが自分から話しているのではありません。わたしのうちにおられる父が、ご自分

のわざをなしておられるのです」(ヨハネによる福音書　14章10節)

かれらは皆そう語った。かれらは融合し、神の普遍的な一体性の中には一切区別がなかったと語ったのだ。個人のスピリットである意識の滴は太陽が発する光線のようなものである。個々の光線は実質的に太陽光と異ならない。意識が自らを光線と認識するのをやめれば、太陽として認識するようになる。存在が状態の中に溶け込むのだ。

神秘的なヨハネによる福音書の中でキリストは言う。「それは、皆が一つになるためです。父よ、あなたがわたしの内におられ、わたしがあなたの内にいるように、彼らもわたしたちの内にいるようにしてください。(中略)わたしは彼らの内におり、あなたがわたしの内にいてくださるのは、彼らが全《まっと》うされて一つとなるためです」(17章21節—23節)。バラモン教の聖典やユダヤ教の神秘説を伝えるカバラもそう教えた。偉大なスーフィ(イスラムの神秘家)の詩にもそう書かれている。あらゆる時代の偉大な宗教的伝統の中でそう教えられてきた。普遍的な絶対者に溶け込むことは可能なのだ。

つまり人は神と一体化できるのだ。

判定するのをやめる

それが、神について何かを知る方法である。あなたは神と一つになる。突き詰めれば、神について知る唯一の方法は、自分を大いなる存在に溶け込ませ、何が起こるかを見ることによってである。これが普遍的な意識だ。こうした深い状態に到達した人の特質はどんな宗教でも同じである。

神へと向かうこうした道を歩んでいる人たちにいったい何が起こるのだろう？　かれらは道すがらどんな変容をとげるのだろう？

それを理解するために、もしあなたがあらゆる生き物、あらゆる動植物や自然の美しさに途方もない愛を感じはじめたらどうなるか想像してもらいたい。すべての子どもが自分の子どものように思え、すべての人間が独自の色、表現、形、音をもった美しい花のように見えたらどうなるか想像してもらいたい。

より高まっていけばいくほど、あなたは驚異的なものに気づくようになるだろう。あなたはもはや判定を下していない。判定のプロセスがただ単にやむのだ。あるのは感謝と尊敬の念だけ。かつて判定していたところで、今や敬意や愛やいとおしさを感じる。識別することは判断することである。見ることは経験することであり、敬意を払うことは、後ろにしりぞいて判断するのではなく、人生に参加することだ。

神を知る最善の方法

きれいな植物園を歩いていると、あなたは開放感や光を感じるだろう。美しいものに囲まれると愛に満たされるので、形や葉っぱの並び方を批評したりはしない。葉っぱは形も大きさもまちまちで、向きも一定していない。それが葉っぱの美をかもしだしているのだ。

もしあなたが人々に対してそのように感じたらどうだろう？　全員が同じ服を着たり、同じ信念を抱いたり、同じ行動をしたりする必要がなかったらどうだろう？　どんな姿形をしていようと、花のように一人一人が美しいと感じられたらどうだろう？

そのようなことが起こったら、あなたは神を垣間見るだろう。それが神を知る最善の方法である。神に近づいたとき、自分に何が起こるか見つめてもらいたい。それが実際のところ、神について知る唯一の方法である。

本で神について読もうとしても、それとは反対のことを述べている本に出会うのが落ちだろう。それればかりか、同じ本の中で、四通りも五通りもの解釈に出くわすだろう。誰かが何かを書き、他の者が、それが間違っていることを証明して博士号を取得するのだ。たとえあなたが神の探求を精神的なレベルまで掘り下げたとしても、それに反論する者が出てくるだろう。すべてはマインド・ゲームの一部にすぎない。

そのような方法で神を知ることはできない。実体験を通して知るしかないのだ。たとえば、瞑想によって低次の自己を手放すと、あなたはスピリットへと回帰し、あなたの中で変容が起こる。あなたがしなければならないのは、そのことに気づくことだけである。あなたは神のほうに向かっている自分に気づくだろう。やがて、神の意識がどのようなものか鮮明に見えてくるだろう。

無条件の愛

神の力を知っている人たちがいる。かれらは神の意識を知る内的体験をし、あまねく行き渡る全知全能の力を垣間見てきたのだ。つねにすべてのことに等しく気づいている意識的な力である。

そのような神の状態から見ると、被造物はどのように見えるのだろう？　超越して神の目を通してものごとを見る人は何を見るのだろう？　かれらは、いかなる判断も存在しないことを理解する。判断はずっと前に消え失せてしまっているのだ。それゆえ、美だけが際立って見える。そのような人は言う。「今、同時にすべての花が見える。わたしの子どもの一人一人が行なっていることを経験することができる。わたしが創造したもののすべての異なった表現と行動に対し、より多くの愛と思いやり、理解と賞賛を感じることができる」

それが聖者に見えるものである。真の聖者は神とともにある。

真の愛は判断しないことを誰でも知っている。愛は愛するものの中に美しか見ない。不純など存在しないし、存在すべくもない。眺めるものすべてが美しい。それが真の愛の見方である。それが愛の目を通して見えるものだ。もし神が愛なら、無限の愛と無条件の思いやりに満たされた目を通して見る風景がどのようなものか想像してもらいたい。

もしあなたが本当に誰かを愛したことがあるなら、真の愛がどんなものかを知っている。真の愛とは自分自身を愛する以上に相手を愛することを意味する。もし誰かを本当に愛するなら、あなたはかれらの人間的な弱さを気にしない。そして、過去の間違いや現在の欠点を含めてかれらを丸ごと受け入れる。それは母親の無条件の愛に似ている。母親は身体的、精神的な挑戦にさらされている子どもに人生のすべてを捧げる。子どもが美しいと母親は思う。欠点には注目しない。事実、欠点を欠点として見ない。

あなたは何をしてもつねに神に愛される

それが自らの創造物に対する神の見方だとしたらどうだろう？　あなたが道

を見失ったのは、違うふうに告げられてきたからだった。神の力によって完璧に守られ、愛され、敬《うやま》われ、尊重されているとは教えられず、裁かれると教えられてきたのだ。だから、罪の意識や恐れを感じるのだ。

だが罪の意識や恐れは、神とのつながりを感じる扉を開いてくれない。心を閉ざすことにしか貢献しないのだ。神の道は愛であり、あなたがもし一瞬でも、真実の愛の目をもった人物を見ることができれば、その目が自分の目と違うことを知るだろう。

あなたの目はそれほどの愛をもって見ることはできないし、それほど無条件にものごとを見ることができない。また、何年たっても、愛する人の中に美と完璧さだけを見るのは不可能である。美や完璧さを見ているのは、あなたを通して見ている神の目なのだ。

あなたは愛する人にどんなものでもあたえるだろう。それほどの深い愛は、自分より偉大な何かからやってくるような気がする。それは超越的な愛である。それは神聖で無条件な利他的な愛だ。

偉大な師たちはそのような愛について語った。超越した者は、それがスピリットへと溶け込むときに達成される状態であると語った。それが、スピリットが自らの創造物を見る見方であり、あなたが教えられるべきものだ。あなたは何をしてもつねに神に愛されるだろう。

放蕩息子の話

キリストは弟子たちに、全財産を使い果たして姿をくらました放蕩息子について語った。だが、彼が助けを求めに家に帰ってくると、父親は息子を、以前家にいて仕事をしていたときよりも大切に扱ったというものだ。

その理由をキリストはこう語った。放蕩する前の息子はずっと家にいたから父親は寂しくなかったが、放蕩するようになって、姿をくらましてからは、とても寂しかった。だから、裁くより愛を感じたのだ（ルカによる福音書　15章11節―32節）。

キリストはこうも言った。「あなたがたの中で罪のない者が、まずこの女に石を投げつけるがよい」（ヨハネによる福音書　8章7節）。彼は何を教えたのだろう？　何を言いたかったのだろう？　この世界をどのように見ていたのだろう？

彼は完璧な利他性と哀れみ深い愛を教えたのだ。キリストは泥棒や強盗の隣で十字架にかけられた。泥棒に覚えていてくれと頼まれたとき、彼は天国での日々を彼と分かち合うと答えた（ルカによる福音書　23章39節―43節）。

十字架にかけられたキリストの最初の言葉はこうだった。「父よ、彼らをおゆるしください。彼らは何をしているのか、わからずにいるのです」（ルカによる福音書　23章34節）。それが母親の愛である。母親が子どもについて話す話し方だ。愛と思いやりのレベルがとても深いので、子どもは何も悪いことができない。母親が利他的な愛のレベルまで達することができるとすれば、愛の創造者である神はどうだろう？

自然は、受け取る者には誰にでもひたすらあたえる

神がこの世界をどのように見ているか知りたいだろうか？　さまざまな人を

どのように思っているか知りたいだろうか？　それなら、太陽を見てもらいたい。太陽は他の人より聖人に、より明るく輝くだろうか？　大気は聖人に、より多くあたえられるだろうか？　雨は他の木より隣人の木に、より多く降るだろうか？

あなたは太陽から目をそむけ、一〇〇年間でも、暗闇の中で過ごすことができる。その後、光に目を向ければ、光はまだそこにある。一〇〇年間、その輝きを楽しんできた人々にとってと同様、あなたのためにそこにあるのだ。

自然のすべてはそのようなものである。木に実る果実は誰にでも自らをあたえる。自然の力で違うものはあるだろうか？　神の被造物で、人間の心以外、実際に裁きを下すものはあるだろうか？

自然は、受け取る者には誰にでもひたすらあたえる。たとえあなたが受け取らない選択をしたとしても、あなたを罰することはない。あなたが受け取らない選択をしたことで、自分自身を罰するのだ。

神にあなたを愛することをやめさせることはできない

あなたが光に向かって、「わたしはあなたを見ない。暗闇の中で暮らすつもりだ」と言っても、光は輝きつづける。あなたが神に向かって、「わたしはあなたを信じないので、あなたと一緒に何もしたくない」と言ったとしても、神はあなたを支えつづける。

あなたと神との関係は太陽との関係と同じである。何年間も太陽から隠れていて、ある日、暗闇から出てくる決心をしたとしても、太陽は何事もなかったかのように輝きつづけている。あなたは謝る必要がない。ただ頭を上げ、太陽を見ればいいのだ。神に目を向けようと決心するのも同じである——ただそうすればいいのだ。

それなのに、あなたが罪の意識や恥にこだわっていたりすると、神の力が妨害されることになる。あなたは神の機嫌を損ねることなどできない。その性質は光、愛、思いやり、保護、あたえることだからだ。

神にあなたを愛することをやめさせることはできない。まさに太陽のようなものだ。太陽があなたに日の光を注ぐのを、あなたはやめさせることはできない。あなたにできるのは、見ないという選択だけである。見た瞬間、太陽がそこにあることをあなたは知る。

神は歓喜の内にある

こうしてあなたがスピリットの中に戻れば、神がこの世界をどのように見ているかがわかる。神はすべてのもの、すべての人の上に輝くハートである。神の目を通して見れば、どんな悪党も美しく見える。それは誰も理解していないことである。神は地球を見ると泣くと人々は言う。聖者であれば神がどんな状況下でも、地球を見るとつねに歓喜するのを見る。歓喜は神が知る唯一のものである。神の性質は永遠の意識的な至福なのだ。あなたが何をしようと、それをだいなしにすることはできない。

素晴らしいことに、あなたもこの歓喜を経験できるのだ。あなたがそうした喜びを感じはじめるのは、神の性質を知るときである。そのとき、あなたは何事にも動揺せず、何があっても失望しないだろう。すべてはあなたの前で繰り広げられる美しい創造のダンスの一部に見えるだろう。あなたはどんどん上昇し、恥ではなく愛を感じるだろう。そして、自分が言ったことや行なったことのためにいやいや神を見上げるのではなく、神を無条件の避難所としてみるだろう。

以上をよく理解し、裁きを下す神の考えを手放してもらいたい。あなたの中には愛する神が存在する。事実、神への愛をもっている。愛は愛することしかできない。あなたの神は歓喜の内にあり、そのことをあなたにはどうすることもできない。そして、もし神が歓喜の内にあるなら、あなたを見るとき、神はあなたに何を見るのだろうか？

訳者あとがき

ここに極上のスピリチュアル・ブックをお届けしたい。あなたの心と身体にまとわりついた俗塵をキレイさっぱり払い落とし、真のあなたの姿を垣間見せてくれるガイド・ブックだ。

二〇一二年一二月二一日にマヤ暦が切れてしまうことにかこつけて、さまざまな地球滅亡説が行き交っている。もっとも多いのは地球の磁極の逆転や太陽の黒点活動の極大化といったなんらかの天体現象に誘発されて、天変地異が起こり、地球が滅亡するというものである。そうした黙示録的な予言は映画館で観るには面白いかもしれないが、現実的に考えれば、にわかには信じがたい。

一方、マヤ暦が終わるのを機に新しい時代に突入すると考えている人たちもいる。アセンション（次元上昇）の考えもそうだが、そのような人たちのほとんどは新しい時代を地球規模のスピリチュアルな時代と考えているようだ。つ

まり、自分の本性が自我や身体ではなく、霊的なものであることに多くの人々が目覚める時代だということである

全米で六〇〇万部売れたといわれている『ニュー・アース』（エックハルト・トール著、吉田利子訳、サンマーク出版）はそのような新時代の到来を告げる啓蒙の書だといってもいいかもしれない。ドイツ生まれのエックハルト（本名はウルリッヒだが、ドイツの神秘主義者、マイスター・エックハルトにちなんで改名）は一九七七年、二九歳のとき、うつ病による自殺衝動に悩まされている最中に覚醒体験をし、それからの二年間、ロンドン市内の公園のベンチに座って、深い至福状態に浸っていたという。その後、彼の元にさまざまな人間が集まってきて話を聞くようになり、スピリチュアル・ティーチャーとしての地位を確立していった。「目覚める」ことは現在、危機に瀕している人類の使命であり、今後、さまざまな形で「目覚める」人たちが出てくるだろうとエックハルトは予言している。

エックハルトと並んで、現在、すぐれたスピリチュアル・ティーチャーとして多くの人々の関心を集めている人物がもう一人いる。一四年間、禅の修業を

積んだ後、覚醒体験を経て禅の教師として迎えられたアジャシャンティ（サンスクリット語で根源的な平和という意味。『The End of Your World（あなたの世界の終わり）』『Emptiness Dancing（空のダンス）』といった著作がある）である。彼の接心を受けて、本来の自分に目覚める人たちがたくさん出てきていると報じられている。

前置きが長くなったが、本書の著者であるマイケル・シンガーもまた、一九七〇年代の初頭、経済学の学生として博士論文の執筆にあたっている最中、深遠な覚醒体験をし、その後、精神世界に深く関わるようになった人物である。一九七五年、彼はフロリダ半島の真ん中に位置するゲインズビルという町の郊外に宇宙寺院（The Temple of the Universe）という名のヨガと瞑想のセンターを建て、人々が心の平和を得るのを手助けしている。

本書はマイケルの三番目の著作で、二〇〇七年に初版が刊行されたが、ストレートに「わたしは誰か？」という普遍的かつ根源的な問題に切り込んでいくスタイルが話題を呼び、エックハルトやアジャシャンティらの著作と並んで、多くのスピリチュアルな探求者たちの心を捉えた話題の書である。

日本でもっとに知られているスピリチュアル・ティーチャー、ディーパック・チョプラは本書の優雅なシンプルさを絶賛し、「本書を注意深く読んでもらいたい。そうすれば、永遠を垣間見る以上の恩恵が得られるだろう」と述べている。また『神との対話』シリーズで知られるニール・ドナルド・ウォルシュは、「最初の章を開いたときから、本を閉じ終わるまで、あなたの人生を変えずにはいない本に出会った」と書評の中で書いている。

スピリチュアル・ブームと言われるようになってから久しいが、これまではどちらかというと霊的能力やサイキックな能力の方に関心が寄せられ、スピリチュアリティの本質である「覚醒」や「目覚め」というものは一部の人だけが味わえる特別なこととして敬遠されるきらいがあったような気がする。しかし、エックハルトやアジャシャンティ、さらにマイケルのような人物が登場してきたことによって、「覚醒体験」が決して特別なことではなく、誰にでも起こりうるものだということが知られるようになれば、本格的な覚醒の時代が幕を開けるかもしれない。本書はまさにそうした幕開けを告げる画期的な著作だと言えよう。

本書のテーマはずばり「わたしは誰か?」ということである。わたしたちは普通、「どなたですか?」と聞かれると、名前を答える。しかし、名前は単なるレッテルにすぎない。それではというので、これまで自分がやってきたことを一つ一つ並べ立ててみても、それらはあなたがやってきたことであって、「あなた」ではない。では身体はどうだろう? 思考はどうだろう? 感情はどうだろう? 著者は、わたしたちがてっきり自分だと勘違いしやすい要素を次々に俎上《そじょう》にのせ、それらが単なる意識の対象にすぎないことをひもといていく。そして「わたし」にまとわりついているガラクタをすべて捨て去ったとき、何ものにも対象化されない純粋意識としての本当の「わたし」が見えてくるという。

マイケルの結論は決して真新しいものではなく、多くの偉大な聖者や覚者が説いてきたものだといってもいいかもしれない。だが、些細な日常的な出来事をきっかけにしてわたしたちの本質をつかんでいく彼の手法は、さまざまな形で覚醒する人間が出てくるといわれるこれからの時代にあって、きわめて貴重なものになるだろう。事実、この本はスピリチュアルな世界に興味をもっている人たちだけではなく、広い意味で人間の成長や目覚めに興味をもっている人たちの間で大きな評判になり、読み継がれているのだ。本書を通して、あなたの中で目覚めようとしているものに触れ、新たな時代の息吹を感じ取っていただければ幸いである。

なお翻訳するにあたっては、日本の読者のことを考慮し、一部、編集させてもらったことを断っておきたい。本書の出版を快諾し、適切なアドバイスをしてくれた風雲舎の山平松生氏にこの場を借りて感謝を申し上げます。

二〇一〇年三月

菅　靖彦

マイケル・A・シンガー（MICHAEL A. SINGER）

1971年、フロリダ大学にて経済学修士号を取得。博士号の取得過程で、深い覚醒体験をし、ヨガや瞑想に打ち込むようになる。1975年、フロリダ半島の真ん中に位置するゲインズビルという町の郊外に、宇宙寺院（The Temple of the Universe）という名のヨガと瞑想のセンターを設立し、多くの人が心の平安を得るのを手助けしている。その一方で、ビジネス、アート、教育、健康、環境保護の分野でもさまざまな貢献を果たしてきた。本書のほかに『The Search for Truth（真理の探究）』や『Three Essays on Universal Law : Karma, Will and Love（宇宙の法則に関する三つのエッセー：カルマ、意志、愛）』などの著作がある。

菅　靖彦（すが・やすひこ）

1947年、岩手県花巻市に生まれる。国際基督教大学（ICU）卒業。翻訳家。日本トランスパーソナル学会顧問。癒し、自己成長、人間の可能性の探求をテーマに著作、翻訳、講座を手がけている。主な著書に『自由に、創造的に生きる』（風雲舎）、訳書に『この世で一番の奇跡』（オグ・マンディーノ　PHP研究所）『子どもの話にどんな返事をしてますか?』（ハイム・G・ギノット 草思社）『ずっとやりたかったことを、やりなさい』（ジュリア・キャメロン　サンマーク出版）『宇宙のマニュアル』（グレッグ・ブレイデン　ソフトバンク・クリエイティブ）などがある。

いま、目《め》覚《ざ》めゆくあなたへ

初刷　2010年4月5日
6刷　2025年8月31日

著者　マイケル・A・シンガー
訳者　菅《すが》　靖《やす》彦《ひこ》
発行人　山平松生
発行所　株式会社　風雲舎

〒162-0805　東京都新宿区矢来町122　矢来第二ビル
電話　〇三―三二六九―一五一五（代）
FAX　〇三―三二六九―一六〇六
振替　〇〇一六〇―一―七二七七六
URL　http://www.fuun-sha.co.jp/
E-mail　mail@fuun-sha.co.jp

印刷　真生印刷株式会社
製本　株式会社　難波製本

落丁・乱丁本はお取り替えいたします。（検印廃止）

ISBN978-4-938939-60-1